Hamburger Edition

Philipp Staab

Falsche Versprechen

Wachstum im digitalen Kapitalismus

Hamburger Edition

Hamburger Edition HIS Verlagsges. mbH
Mittelweg 36
20148 Hamburg
www.hamburger-edition.de

Umschlaggestaltung: Wilfried Gandras
Satz: Dörlemann Satz, Lemförde
Druck und Bindung: CPI books GmbH, Leck, Germany
Printed in Germany
ISBN 978-3-86854-305-6

1. Auflage September 2016

Inhalt

I Einleitung 7

II Von der politischen Ökonomie des 20. Jahrhunderts zum digitalen Kapitalismus 21

III Digitale Ideologie – Digitale Ökonomie 39

IV Von der Rationalisierung der Produktion zum effizienten Konsum 56

V Digitalisierung und soziale Ungleichheit 81

VI Das Konsumtionsdilemma 120

Bibliografie 126

Zum Autor 133

»Coping, doping, hoping, shopping.«

Wolfgang Streeck

I Einleitung

Unter den Top 5 der wertvollsten Unternehmen der Welt (nach Marktwert) befanden sich im Jahr 2015 neben Warren Buffets Firmenkonglomerat Berkshire Hathaway und dem Energieriesen ExxonMobil drei Technologiefirmen: Apple (Platz 1), Google (Platz 4) und Microsoft (Platz 5).[1] Sie stehen exemplarisch für den Aufstieg der Informations- und Kommunikationstechnologien (IKT) in den vergangenen Jahrzehnten und damit für die Digitalisierung des Alltags, insbesondere aber der Wirtschaft. Digitale Technologien auf Laptops, Tablets oder Smartphones sind aus den Arbeitswelten der Gegenwart nicht mehr wegzudenken, die meisten Arbeitnehmer und Selbstständigen nutzen IKT auf die eine oder andere Art. In der Regel folgen ihre Tätigkeiten dabei im kleinen Maßstab einer Logik, die Technologieunternehmen wie Apple, Google, Microsoft, Facebook oder Amazon in größerem Stil als eigenes Geschäftsmodell betreiben: Sowohl im Kontext alltäglichen Arbeitens mit IKT als auch bei den Geschäftsmodellen der digitalen Weltkonzerne geht es im Kern um Prozesse der Datenverarbeitung, sei es beim Erstellen wissenschaftlicher Publikationen in Forschungsinstituten, bei Verwaltungsaufgaben in Versicherungsunternehmen oder bei dem zielgenauen Targeting von Konsumenten durch Produktplatzierungen wie bei Google, Facebook oder Amazon. Die Verarbeitung von Informationen bil-

1 Statista, Größte Unternehmen der Welt. Als erstes deutsches Unternehmen der Old Economy folgte in diesem Jahr der Volkswagen Konzern auf Platz 49. Im Jahr 2015 hatte Google Apple dann vom ersten auf den zweiten Platz verdrängt.

det den Kern digitalisierter Arbeitsprozesse und Geschäftsmodelle.

Die Digitalisierung der Wirtschaft beschränkt sich keineswegs auf die New Economy aus Technologiegiganten und Internet-Start-ups. Sie hat längst klassische Wirtschaftszweige und den öffentlichen Sektor erreicht: Unter Begriffen wie »E-Government«, »Smart Cities« oder »Smart Infrastructure« firmieren beispielsweise Modelle, die weit über die Nutzung computergestützter Datenverarbeitungsprozesse in der Digitalwirtschaft hinausgehen. Sie bilden Blaupausen für umfassende Restrukturierungsprogramme von Verwaltungsprozessen, Stadtentwicklung oder staatlicher Infrastrukturpolitik. Digitalisierungsgiganten, wie Google, Apple, Microsoft oder Amazon, wetteifern in diesem Zusammenhang um Aufträge der öffentlichen Hand und gewinnen dabei für staatliche Institutionen an Bedeutung: Amazon stellt über seinen Cloud-Computing-Dienst Amazon Web Services in den USA beispielsweise einen bedeutenden Teil der digitalen Infrastruktur des amerikanischen Verwaltungs- und Regierungsapparates.

Auch in Kernbranchen der Old Economy stoßen die Datenkonzerne von der amerikanischen Westküste zunehmend vor und erzeugen dort Transformationsdruck. Das zeigt sich am Beispiel der Automobilindustrie: Google hat hier Industriegiganten mit über hundertjähriger Geschichte mit der Entwicklung autonom operierender Fahrzeuge in Aufregung versetzt, was sich unter anderem im Aufbau eigener digitaler Fahrassistenzsysteme durch die traditionellen Produzenten niederschlägt. Das 2003 gegründete US-amerikanische Unternehmen Tesla hat, um ein anderes Beispiel zu nennen, mit beachtlichen Erfolgen in der Elektromobilität erheblichen Innovationsdruck in den Forschungs- und Entwicklungsabteilungen der etablierten Automobilisten erzeugt. Auch Apple soll ein eigenes Automobil planen und wird damit den Druck auf die vermeintlichen »Industriedinosaurier« weiter erhöhen.

Dabei propagieren die Internetkonzerne eine ganz neue Perspektive auf ein klassisches Produkt. Denn Google geht es bei seinem eigenen Auto, wie schon bei der Entwicklung von Karten- und Navigationsanwendungen, vor allem um die Daten der Nutzer. Sie stellen das eigentliche Geschäftsfeld der Internetgiganten dar, bilden die Basis diverser Dienstleistungen, die im Zentrum des Angebots der Unternehmen stehen. Auch klassische Automobilhersteller haben diesen Trend erkannt. So investieren Unternehmen wie Daimler und BMW nicht nur massiv in autonomes Fahren und digitale Car-Sharing-Modelle, sondern auch in die Digitalisierung der Cockpits. In der Fahrerzelle der Zukunft soll der Passagier als Kunde permanent erreichbar sein für die Konsumnetze des kommerziellen Internets. Die Quellen der Wertschöpfung sollen sich, im Stile der Digitalisierungsgiganten, auch in der traditionellen Automobilindustrie weg von der Produktion und hin zu diversen digitalen Dienstleistungen entwickeln. Der Verkauf des Automobils als ehemals zentraler Punkt der Wertschöpfung verliert dabei an Bedeutung. Als eine Art Smartphone auf vier Rädern soll das Automobil vielmehr das Ankerprodukt bilden, über das immer neue Dienste reibungslos an den Kunden gebracht werden können.

Digitale Technologien und Geschäftsmodelle gewinnen also auch jenseits der Internetkonzerne an Bedeutung. Die mit ihnen verbundenen ökonomischen und ideologischen Logiken finden zunehmend Verbreitung. Diese strukturbestimmende Entwicklung wird im Folgenden als »digitaler Kapitalismus« bezeichnet. Damit ist, wie meine einleitenden Bemerkungen anzeigen, weder eine strenge kategoriale Unterscheidung von Kapitalismustypen nach der Logik sektoraler Differenzierung impliziert: Es kann nicht um einen digitalen im Gegensatz zu einem industriellen oder tertiären Kapitalismus gehen, wenn IKT überall an Bedeutung gewinnen, noch kann der Begriff einstweilen eine historische Trennschärfe, etwa im Gegensatz zu den Handelskapitalismen ab dem 13. oder den im 19. Jahrhundert folgenden Manufaktur- und industriellen Kapitalismen,[2] beanspruchen. Auch aus der institutionellen Perspektive auf die dominierenden Koordinationsmechanismen der digitalen Wirtschaftsweise, etwa in Tradition der Debatte um die *Varieties of Capitalism*,[3] kann der Charakter des digitalen Kapitalismus einstweilen noch nicht ausbuchstabiert werden. Zu viel ist im Werden, zu unsicher sind die Prognosen zu den realen Effekten der Digitalisierung. Der vorliegende Essay macht zu allen drei möglichen Bestimmungszusammenhängen (sektoral, historisch, institutionell) jedoch einige Vorschläge: So wird gezeigt, dass die Digitalisierung sektorale Grenzen einreißt, dass bedeutende digitale Innovationen bisher vor allem in Handels- und Distributionsprozessen stattfanden und dass im digitalen Kapitalismus bestimmte institutionelle Standards, wie zum Beispiel je-

2 Vgl. Kocka, Geschichte des Kapitalismus; Braudel, Die Dynamik des Kapitalismus.

3 Hall/Soskice, Varieties of Capitalism.

ner der lohnabhängigen Beschäftigung als zentraler gesellschaftlicher Integrationsmechanismus, systematisch gefährdet sind, aber auch neue Standards forciert werden. All dies ist jedoch noch weit entfernt von einer schlüssigen Theorie über die Digitalisierung der Wirtschaft. So werden Leserinnen und Leser dieses Essays einstweilen mit der prozessualen Definition des digitalen Kapitalismus als Durchsetzung und Verbreitung von IKT und der mit ihnen verbundenen ökonomischen und ideologischen Dynamiken vorlieb nehmen müssen. Der digitale Kapitalismus ist somit zunächst als eine Figuration, also als ein Interdependenzgeflecht unterschiedlicher Faktoren in einer gemeinsamen Konstellation, zu verstehen.[4] Einzelne Elemente dieser Figuration – etwa die historischen Triebfedern des digitalen Kapitalismus, seine ideellen Wurzeln und ideologischen Grundtheoreme, die ihn dominierenden Geschäftsmodelle und seine Implikationen für die Entwicklung sozialer Ungleichheit – werden im vorliegenden Essay mit dem Ziel behandelt, Hypothesen über die wirtschaftliche Logik des digitalen Kapitalismus der Gegenwart zu entwickeln.

Dabei werde ich mich einer Methode der experimentellen Verdichtung bedienen, indem ich bestimmte Grundzüge des digitalen Kapitalismus vornehmlich im Rahmen der benannten Leitunternehmen der Digitalisierung und unterschiedlicher sogenannter Start-ups[5] mit ebenfalls primär digitalen Geschäftsmodellen analysiere.

4 Zum Begriff der »Figuration« vgl. Elias, Über den Prozeß der Zivilisation.

5 Start-up-Unternehmen sind neu gegründete Firmen, die mit dem Ziel der Vermarktung einer innovativen Idee in der Regel auf schnelles Wachstum setzen.

Wie eingangs kursorisch beschrieben, gibt es zahlreiche empirische Gründe, von einer Leitfunktion dieser Unternehmen im Prozess der Digitalisierung der Wirtschaft auszugehen: Sie bieten vielfach die Basistechnologien an, die in anderen Kontexten genutzt werden,[6] verfügen über enorme finanzielle Kapazitäten und dringen permanent in neue Geschäftsfelder vor, in denen sie digitale Restrukturierungsprozesse ins Werk setzen.[7] Sie bilden, so eine Annahme von Oliver Nachtwey und mir, die wir andernorts formuliert haben, eine »Avantgarde des digitalen Kapitalismus«[8].

Das Konsumtionsproblem

Auf Basis der Analyse von Leitunternehmen der Digitalisierung soll hier noch eine modellhafte Argumentationslinie verfolgt werden: Ich argumentiere, dass der digitale Kapitalismus eine verhältnismäßig neue Antwort auf ein Problem darstellt, das den Kapitalismus seit dem Ende des Nachkriegsaufschwungs in der Mitte des 20. Jahrhunderts prägt: Die Schwäche der Nachfrage, die mit den Produktivitätsfortschritten nicht standhalten kann. Die rückblickend recht kurze Phase der Nachkriegsprosperität – ich werde später ausführlich darauf zu sprechen kom-

6 Microsoft, Google oder Apple liefern beispielsweise mit ihren Betriebssystemen und den damit verbundenen Anwendungen den technischen Standard der meisten Datenverarbeitungsprozesse.

7 Amazon und andere E-Retailer revolutionieren mit ihren digitalen Geschäftsmodellen den Einzelhandel, Google und Apple dringen mit unterschiedlichen Anwendungen in den Markt für *smarte* Haustechnik vor, Start-ups wie Uber oder Lyft verändern das Personenbeförderungsgewerbe.

8 Nachtwey/Staab, Die Avantgarde des digitalen Kapitalismus, S. 59–84.

men – war gekennzeichnet durch die erfolgreiche Kombination von Massenproduktion und Massenkonsum. Dieses Doppelgespann wirtschaftlicher Dynamik, allgemein als Fordismus bezeichnet, geriet allerdings schon Ende der 1960er Jahre zunehmend aus dem Tritt, weil die Nachfrage nicht mehr mit der Entwicklung der Produktivität Schritt halten konnte. Das vorherrschende Produktionsmodell erzeugte, in anderen Worten, nicht mehr aus sich heraus jene Nachfrage, die zur Aufrechterhaltung der wirtschaftlichen Wachstumsraten der unmittelbaren Nachkriegszeit vonnöten gewesen wäre. Ich bezeichne diesen Zustand als »Konsumtionsproblem«.

Seit Auftreten des Konsumtionsproblems sind zahlreiche Wege erprobt worden, die Nachfrage wieder in Schwung zu bringen. Einerseits wurde versucht, den privaten Konsum durch die Expansion öffentlicher beziehungsweise privater Schulden anzuregen. Andererseits diente vielerorts auch eine stärkere Exportorientierung durch die Internationalisierung der Absatzmärkte der Erschließung neuer Nachfragereservoirs. Beide Strategien sind nach wie vor wirksam. Eine genaue Betrachtung des digitalen Kapitalismus zeigt jedoch, so mein Argument, dass dieser eine verhältnismäßig neue Antwort auf das Konsumtionsproblem bildet, das die entwickelten Volkswirtschaften der OECD-Welt seit dem Ende des Nachkriegsbooms prägt. Das eigentliche Versprechen der Leitunternehmen des digitalen Kapitalismus ist, wie ich zeigen werde, die Lösung des Nachfrageproblems durch die Rationalisierung und Intensivierung des Konsums.

Um die logischen Implikationen dieser Wirtschaftsform darstellen zu können, ist es notwendig, von den alternativen Lösungsansätzen des Konsumtionsproblems –

Expansion von Schulden und Globalisierung der Absatzmärkte – zeitweilig zu abstrahieren und sich dem digitalen Kapitalismus als geschlossenem Modell zu widmen. Ziel dieser Herangehensweise ist analytische Klarheit, die allerdings nur um den Preis des temporären Ausschlusses ebenfalls existierender empirischer Alternativen zur Logik der Digitalisierung zu haben ist. Daher werde ich bei der Erläuterung der wirtschaftlichen Dynamik des digitalen Kapitalismus vielfach die natürlich weiterhin bestehenden alternativen Strategien der Generierung von Nachfrage durch Schulden und die Globalisierung der Absatzmärkte außer Acht lassen.

Nach dem Wachstum ist vor dem Wachstum?

Das Konsumtionsproblem des gegenwärtigen Kapitalismus – ich werde es im nächsten Kapitel ausführlich darstellen – ist ein entscheidender Bestandteil der historischen Situation, die den Hintergrund für die Digitalisierung der Wirtschaft bildet. Die hoch entwickelten Ökonomien der OECD-Welt konnten seit der Abkühlung der Konjunktur ab den 1960er Jahren nicht wieder an die vorangegangenen wirtschaftlichen Wachstumsraten anschließen. In den USA, Großbritannien, Deutschland, Japan, Frankreich und Italien – um nur einige wichtige OECD-Ökonomien zu nennen – fiel das Wirtschaftswachstum[9] von 3 bis knapp 10 Prozent während der 1960er Jahre überall auf unter 2 Prozent im Jahr 2014.[10] Einige kritische Beobachter sprechen daher schon seit geraumer Zeit von einer

9 *Real GDP Growth.*

10 Coggan, Secular Stagnation. Zur langfristigen Entwicklung des Wirtschaftswachstums vgl. auch die Debatte um eine säkulare Stagnation, bspw. Teulings/Baldwin (Hg.), Secular Stagnation.

Post-Wachstumsökonomie[11] und entwickeln Visionen einer Postwachstumsgesellschaft.[12] Auch der viel zitierte französische Ökonom Thomas Piketty geht von einer systematischen Wachstumsschwäche des Gegenwartskapitalismus aus. Ihm zufolge wuchsen seit dem Ende des Nachkriegsbooms die Vermögen stärker als die Einkommen, die kaufkraftbereinigt sogar vielfach stagnierten. Dieser Prozess bedingt, dass dem Wirtschaftskreislauf Nachfragekontingente entzogen werden, die andernfalls in Form von Konsumkraft zur Verfügung stünden. Denn gerade geringe und mittlere Löhne fließen in der Regel direkt wieder in den Konsum,[13] Vermögen aber werden immer wieder (re-)investiert. In jüngerer Zeit haben gar der Kapitalismuskritik unverdächtige Analysten begonnen, vor einem nachhaltigen Abschwung der Weltwirtschaft zu warnen. So sprach beispielsweise der amerikanische Ökonom Larry Summers im Herbst 2013 auf einer Konferenz des Internationalen Währungsfonds von der Möglichkeit, dass die Weltwirtschaft sich in eine säkulare, also nachhaltige und langatmige Stagnation manövriert haben könnte.[14]

Vor diesem Hintergrund hat die Suche nach einem Messias, der das wirtschaftliche Wachstum in die hoch entwickelten Ökonomien der Gegenwart zurückbringen könnte, in der Digitalisierung der Wirtschaft einen neuen

11 Vgl. d'Alisa/Demaria/Kallis (Hg.), Degrowth.

12 Vgl. Lessenich/Dörre (Hg.), Grenzen des Wachstums.

13 Vgl. hierzu exemplarisch folgende Studien des IWF: Kumhof/Rancière, Inequality, Leverage and Crises; Kumhof/Rancière/Winant, Inequality, Leverage and Crises.

14 Siehe auch Summers, Why Stagnation Might Prove to Be the New Normal.

Adressaten gefunden. Die Beratungsfirma McKinsey beispielsweise prophezeit in einer global orientierten Studie ein potenzielles Wachstum im Wert von 11 Billionen Dollar bis 2025 als möglichen Effekt des Ausbaus des »Internets der Dinge«, also der fortschreitenden Verbreitung vernetzter Klein- und Kleinstcomputer in allen Arbeits- und Lebensbereichen.[15] Für Deutschland, wo die Debatte um die Digitalisierung der Wirtschaft vor allem als Diskurs um die Restrukturierung der industriellen Produktion geführt wird, kursiert die Zahl eines zusätzlichen Wachstum im Gegenwert von 78 Milliarden Euro im gleichen Zeitraum.[16] Es handelt sich hierbei, den Verfassern der Studie zufolge, um wirtschaftliches Wachstum, das exklusiv durch digitale Anwendungen in sechs besonders innovationsträchtigen Wirtschaftsbranchen anfallen soll,[17] also zusätzlich zu den auch ohne Digitalisierung erwarteten Zugewinnen.[18]

Stellt man diese äußerst optimistischen Prognosen in Rechnung, so wird verständlich, warum die Digitalisierung der Wirtschaft zu einem von unterschiedlichen Akteuren forcierten Transformationsmodell der Gegen-

15 Manyika u. a., The Internet of Things.

16 Bauer u. a., Industrie 4.0.

17 Chemische Industrie, Automobilbau, Maschinen- und Anlagenbau, elektrische Ausrüstung, Land- und Forstwirtschaft sowie Informations- und Kommunikationstechnik.

18 »Für alle anderen Branchen addiert die Studie des Fraunhofer-Instituts für Arbeitswirtschaft und Organisation und des Bitkom ausgehend von solchen Wachstumsraten noch einen 50-Prozent-Effekt hinzu und kommt damit zu einer Hochrechnung der gesamtwirtschaftlichen, durch Industrie 4.0 verursachten Impulse auf insgesamt 267,5 Milliarden Euro« (Sabine Pfeiffer, Warum reden wir eigentlich über Industrie 4.0?).

wartsökonomie geworden ist. In der Bundesrepublik wird sie beispielsweise von einem Konglomerat aus Unternehmern, Forschungsinstituten, Gewerkschaften, Politikern und Beratungsfirmen als vierte industrielle Revolution (»Industrie 4.0«) stilisiert. Nach Dampfkraft (erste industrielle Revolution), elektrifizierter Massenproduktion (zweite industrielle Revolution) und der Implementation der Mikroelektronik (dritte industrielle Revolution) soll die Digitalisierung der Produktionsapparate eine neue Stufe wirtschaftlicher Entwicklung einleiten.

Sollte die in Deutschland so populäre Vision einer digitalen Industrie wirklich jene ökonomische Zeitenwende einleiten, die der Begriff der »industriellen Revolution« nahelegt, so müsste sie allerdings mehr sein als eine weitere Verjüngungskur der hierzulande etablierten Hochproduktivitätsökonomie und ihres Wirtschaftsmodells. Hinweise, dass sich am bundesrepublikanischen Erfolgsrezept der Generierung von Nachfrage durch Exporte etwas ändern könnte, indem beispielsweise neue Nachfrage auf dem heimischen Arbeitsmarkt generiert würde, sucht man allerdings, trotz der zuletzt positiven Lohnentwicklung, weitgehend vergebens. Zwar kann man hoffen, dass sich digitale Produktivitätsgewinne der nahen Zukunft im industriellen Sektor gewissermaßen automatisch auch in höhere Löhne der abhängig Beschäftigten umsetzen und damit auch die nationale Nachfrage steigt. Diese Entwicklung ist jedoch keineswegs zwingend. Vielmehr zeigt sich in Ländern wie Deutschland oder den USA schon seit Längerem das Phänomen, dass auch in Boom-Zeiten die Reallöhne stagnieren oder gar sinken, Wachstum also mit steigender Einkommensungleichheit einhergeht. Einkommensungleichheit trägt ihrerseits zu Einbrüchen der privaten Nachfrage bei, da, wie bereits erwähnt, reichere Haushalte zur Reinvestitionen ihrer Einkommen neigen, diese also nicht, wie im Falle ärmerer Haushalte, direkt in den Konsum zurückfließen, wie beispielsweise Studien des IWF argumentieren.[19] Ohne die entsprechende Nachfrage führten allerdings auch die erhofften Produktivitätsgewinne[20] im industriellen Sektor nicht zu langfristigem Wachstum. Produkte müssen schließlich Abnehmer finden, damit die Effizienzsteigerungen der Produktionsapparate sich in realen Gewinnen materialisieren. Für einzelne Länder mag der Export ein Substitut für die Schwäche der Nachfrage auf den Heimatmärkten bilden. Auf der Ebene der Weltwirtschaft handelt es sich dabei freilich um ein wenig nachhaltiges Wirtschaftsmodell, da die Gewinne der Exportnationen durch das »Abgraben« von Nachfrage generiert werden, die dann in den Importmärkten fehlt. In der Wirtschaftsordnung der Gegenwart, die auf Massenkonsum systematisch angewiesen ist, ist die Entwicklung der Nachfrage neben Produktivitätsgewinnen die zweite entscheidende Schnittstelle wirtschaftlichen Wachstums.

Es wirkt vor diesem Hintergrund konsequent, dass die Digitalisierungsprozesse der jüngeren Vergangenheit und Gegenwart vor allem in konsumnahen Dienstleistungen, wie der Werbung, der Warendistribution und dem Handel, entscheidende Schwerpunkte hatten bzw. haben. Eine wirklich radikale Restrukturierung, die auf qualitativ neuartige Phänomene verweist, hat vor allem in den Dis-

19 Vgl. Kumhof/Rancière, Inequality, Leverage and Crises; Kumhof/Rancière/Winant, Inequality, Leverage and Crises.

20 Also die Vergrößerung des wirtschaftlichen Outputs in Relation zu den eingesetzten Produktionsfaktoren.

tributions- und Konsumtionsapparaten stattgefunden. Der E-Commerce beispielsweise, also der Warenhandel im Internet, wie er von Amazon und tausenden anderen Unternehmen betrieben wird, soll einen immer effizienteren Konsum gewährleisten und damit auch noch die letzten Nachfragereservoirs ausschöpfen, die etwa aufgrund zeitlicher Engpässe bei den Konsumenten einstweilen nicht erschlossen sind. Hierzu werden immer schnellere Distributionsverfahren implementiert und immer neue Apps entwickelt, die das reibungslose Shopping an jedem erdenklichen Ort ermöglichen sollen. Das Gravitationszentrum solcher Rationalisierungsstrategien im Bereich der Konsumtion bilden die benannten Leitunternehmen der Digitalisierung wie Amazon, Google, Apple, Facebook oder Microsoft, die allesamt neue Konsumtionsmodelle innerhalb ihrer komplexen und hochgradig vernetzten Techniksysteme erproben.

Stellt man die enormen Wachstumsraten und Machtressourcen der Digitalisierungsgiganten sowie den hohen Verbreitungsgrad der von ihnen entwickelten Technologien und Geschäftsmodelle in Rechnung, erscheint die von ihnen angestrebte Restrukturierung der Konsumtions- und Distributionsapparate als ein ernst zu nehmendes Transformationsprogramm für den Kapitalismus der Gegenwart. Die Rationalisierungsversuche im Bereich der Nachfrage legen es aus meiner Sicht nahe, den digitalen Kapitalismus als eine Antwort auf das Konsumtionsproblem des Gegenwartskapitalismus zu interpretieren. Er bietet aus dieser Perspektive ein neues Programm zur Generierung jener Nachfrage, die gemeinsam mit Produktivitätssteigerungen die zweite Säule möglichen wirtschaftlichen Wachstums bildet. Die dem digitalen Kapitalismus implizite Verheißung neuer wirtschaftlicher Wachstumsimpulse besteht daher vor allem in der Generierung neuer Nachfrage durch die Restrukturierung der Konsumtionssphäre. Die entscheidende Frage lautet dann: Kann der digitale Kapitalismus das ihm implizite Versprechen halten und eine erfolgreiche Alternative zu den etablierten Bearbeitungsmodi des Konsumtionsproblems bieten? In den folgenden Kapiteln dieses Essays werde ich dieser Frage mit Blick auf die Geschichte des Konsumtionsproblems (Kapitel II), die politische Ökonomie der Gegenwart und die mit ihr verbundenen ideologischen Dynamiken (Kapitel III), die Rationalisierungsprogramme des digitalen Kapitalismus (Kapitel IV) sowie die Frage der Entwicklung sozialer Ungleichheit als Effekt von Digitalisierungsprozessen (Kapitel V) in der Knappheit, die die stilistische Form des Essays gebietet, nachgehen. Abschließend fasse ich meine Befunde mit Blick auf eine Theorie des digitalen Kapitalismus zusammen.

II Von der politischen Ökonomie des 20. Jahrhunderts zum digitalen Kapitalismus

Aus der Geschichte der Industriearbeit ist eine Begegnung zwischen Henry Ford II, Enkel des legendären Gründers der Ford Motor Company, und Walter Reuther, dem damaligen Präsidenten der United Auto Workers Gewerkschaft überliefert. Bei der Besichtigung eines Ford Werkes in Cleveland im Jahre 1953 soll Ford – tatsächlich handelte es sich wohl lediglich um einen Firmensprecher des Unternehmens – mit Blick auf zahlreiche neue Fertigungsmaschinen, die offenbar menschliche Arbeitskraft ersetzt hatten, Reuther gefragt haben: »Wie willst du die dazu bringen, Gewerkschaftsbeiträge zu zahlen?«

Reuthers antwortete sinngemäß: »Wie willst du sie dazu bringen, Ford-Autos zu kaufen?«

In diesem kurzen Dialog, der zur Hochzeit des Fordismus stattfand, ist das Erfolgsmodell jener Epoche, der Henri Ford I seinen Namen gegeben hatte, kondensiert. Das Produktionsmodell, das der legendäre Gründer der Ford Motor Company ersonnen hatte und das von den Ford-Stammwerken in Detroit aus einen Siegeszug in den entwickelten Industriegesellschaften ihrer Zeit antrat, verband die hocheffiziente Produktion weitgehend standardisierter Güter mit der Erzeugung kaufkräftiger Nachfrage durch relativ hohe Löhne der abhängig Beschäftigten.[21] Die Produktion des berühmten Ford Modell T gilt als Nukleus dieser Epoche, weil es sich um das historisch erste Automobil handelte, das sich breite Be-

21 Crouch, Privatised Keynesianism, S. 384.

völkerungsteile leisten konnten. Ford hatte 1914 nicht nur den 8-Stunden-Tag eingeführt und damit für seine Beschäftigten die zeitlichen Voraussetzungen für ein dem Konsum und Verbrauch gewidmetes Privatleben geschaffen. Die Löhne und Gehälter bei Ford lagen auch weit über jenen der Konkurrenz, was den Arbeitern den ökonomisch effektiven Einsatz der neu gewonnenen Freizeit zum Konsum – beispielsweise des Ford Modell T oder eines anderen Automobils aus dem Hause Ford – ermöglichte. Die ökonomische Basis dieser als Fordismus bekannt gewordenen Kombination von Massenproduktion und Massenkonsumtion bildeten die enormen Produktivitätszuwächse, die der Umstellung der Produktionsapparate von weitgehend handwerksförmig organisierten Fertigungsprozessen auf technisch hochgradig regulierte, wissenschaftlich geplante Herstellungsmethoden entsprangen. Das Sinnbild dieser Entwicklung, ihr technisches Symbol, war das Fließband, durch das komplexe Tätigkeiten in einzelne, standardisierte Arbeitsschritte überführt wurden, was enorme Effizienzgewinne ermöglichte.

Anders als seine historischen Vorgänger war der Fordismus eine in neuer Qualität auf den Massenkonsum angewiesene Wirtschaftsweise, eine »consumption based economy«[22]. Die stark standardisierten, industriellen Massenprodukte, die für die Epoche des Fordismus kennzeichnend waren, wurden auf weitgehend ungesättigten Verbrauchermärkten angeboten. Schon etwa 15 Jahre nach dem Dialog zwischen Reuther und dem Sprecher der Firma Ford sollte das eigendynamische Gespann aus

22 Ebd.

Produktion und Konsumtion, das den Antrieb der hohen Wachstumsraten des Fordismus gebildet hatte, allerdings zunehmend erlahmen. Die folgenden Transformationen des Kapitalismus können bis in die Gegenwart als Effekt einer paradoxen Beziehung zwischen der Produktionssphäre und den für ihren Erhalt notwendigen Konsummustern beschrieben werden.

Die Krise des Massenkonsums

Die rückblickend relativ kurze Phase konstant hoher wirtschaftlicher Wachstumsraten, die die industriellen Kernländer Europas und Nordamerika nach Ende des Zweiten Weltkriegs erlebten – in Frankreich spricht man von den *trentes glorieuses*, von glorreichen drei Jahrzehnten –, fand bereits in den späten 1960er Jahren ein Ende. Der Fordismus als Produktionsmodell und mit ihm der soziale Kompromiss, der den »demokratischen Kapitalismus«[23] ausgezeichnet hatte, geriet in eine schwere Krise. Die Ölpreisschocks der 1970er Jahre sind zwar die nachdrücklichst erinnerten Rupturen dieser Phase ökonomischer Transformation. Sie sind allerdings bei Weitem nicht die einzigen Gründe für die folgenden Veränderungen des Kapitalismus. Es spricht viel dafür, dass bereits zum Ende der 1960er Jahre die einmalige Dividende der für den Fordismus grundlegenden tayloristischen Umgestaltung der Produktionsapparate, also der Umstellung von Manufaktur-Betrieben auf normierte Massenproduktion und *Scientific Management*[24] der Arbeitsprozesse, in den wirtschaftlich hoch entwickelten Industriegesell-

23 Streeck, Gekaufte Zeit.

24 Taylor, The Principles of Scientific Management.

schaften zu großen Teilen abgeschöpft war. Viele Basisprodukte des fordistischen Zeitalters – Radio, Automobil, Kühlschrank, Fernseher, Waschmaschine – hatten einen derart hohen Verbreitungsgrad erreicht, dass der Markt für diese Standardgüter zunehmend Sättigungstendenzen aufwies.[25] Schon in den späten 1960er Jahren kam es zu einem merklichen Absinken der wirtschaftlichen Wachstumsraten.[26] Eine lange Phase stabil hohen Wachstums, das die ersten zwei bis drei Nachkriegsjahrzehnte geprägt hatte, sollte sich in den westlichen Industrienationen nicht mehr einstellen.

Vor diesem Hintergrund setzte sich eine Kaskade fiskalischer Krisen in Gang, die bis in die Gegenwart anhält. Die Unternehmen und Regierungen der Kernländer des Fordismus befanden sich zu Beginn der 1970er Jahre in einer Zwickmühle: Lohneinbußen bei den abhängig Beschäftigten waren gegen starke Gewerkschaften, deren Mitglieder vor dem Hintergrund der Erfahrungswerte der vorangegangenen Wachstumsperiode hohe Lohnsteigerungen erwarteten, nicht durchzusetzen. Höhere Arbeitslosenraten, die der Effekt der Stilllegung unrentabler wirtschaftlicher Unternehmungen hätten sein können, galten vor dem Hintergrund der Erfahrungen der Weltwirtschaftskrise, die dem großen Crash von 1929 gefolgt war und als Wiege von Faschismus und Weltkrieg galt, als politisch zu riskant.[27] Eine erste, kurzweilige Strategie zur Aufrechterhaltung steigender Löhne bestand in einer Geldpolitik, die auf höhere Inflationsraten setzte.[28] Die

25 Streeck, Citizens as Customers, S. 31f.

26 Streeck, The Crisis of Democratic Capitalism, S. 10.

27 Ebd., S. 11ff.

28 Ebd.

Erhöhung der Geldmenge konnte von den seinerzeit starken Gewerkschaften als Argument für fortschreitende Lohnerhöhungen genutzt werden. Lohngewinne erzeugten Nachfrage und sicherten den für die Reproduktion des Wirtschaftssystems so zentralen Massenkonsum. Das Konsumtionsmodell des in die Krise geratenen Fordismus wurde auf diese Weise geldpolitisch aufrechterhalten, indem zukünftig zu erwirtschaftende Ressourcen dem Verbrauch in der Gegenwart zugeführt wurden.[29] Nachfrageeinbrüche, die auf der Basis von an die Produktivitätsentwicklung angepassten Löhnen hätten eintreten können, wurden zeitweise abgewendet.

Spätestens mit dem Ende der risikoreichen Inflationspolitik Ende der 1970er Jahre stieg in vielen der industriellen Kernländer allerdings die Arbeitslosigkeit. Das lediglich kurzzeitig verdrängte Risiko eines systematischen Nachfrageeinbruchs kam zurück auf die Agenda. Zudem hatten die Staaten des kriselnden Fordismus nun auch mit den immer weiter steigenden Ausgaben für die zuzeiten ungebrochenen Wachstums entstandenen Wohlfahrtssysteme zu kämpfen. Eine neue Zeit öffentlicher Schuldenregime brach an, die von weiteren Maßnahmen, die zur Abwendung der Krise der auf stetig expandierendem Massenkonsum basierenden Wirtschaftsweise in unterschiedlichen nationalen Kontexten schon weit früher getroffen worden waren, verschärft wurde. In Ländern wie Frankreich oder Italien war beispielsweise eine starke staatliche Kontrolle in vielen Schlüsselindustrien bestehen geblieben, so wurde verhindert, dass es über die

29 Streeck, Gekaufte Zeit.

Etablierung realistischer Marktlöhne zu rasanten Nachfrageeinbrüchen gekommen wäre.[30] Die staatliche Quasi-Subventionierung von Löhnen und damit des Konsums trug allerdings ihrerseits zur Anhäufung immer höherer Staatsschulden bei.

Eine zweite Strategie der Aufrechterhaltung eines expandieren Massenkonsums bestand in der Stimulierung von Nachfrage durch keynesianische Wirtschaftspolitik: In den skandinavischen Ländern, in Großbritannien, Österreich und in schwächerem Ausmaß den USA nahmen Regierungen nach dem Zweiten Weltkrieg hohe Schulden auf, um über Investitionen in unterschiedlichen Bereichen steigende Arbeitslosigkeit abzuwenden und Nachfrage zu stimulieren.[31] Auch hier trug die zeitgleiche Expansion wohlfahrtsstaatlicher Sicherungssysteme zu einer weiteren Belastung öffentlicher Haushalte bei.

Länder wie Deutschland oder Japan hatten dagegen im Zeichen der nach dem Zweiten Weltkrieg zunächst schwachen Binnennachfrage auf exportgetriebenes Wachstum, also auf Absatzmärkte jenseits der heimischen Arbeiterschaft, gesetzt. Im exportorientierten Modell stellte sich folglich das Problem des Rückgangs der Nachfrage nach industriellen Massenprodukten mit einer gewissen Verzögerung und in geringerem Ausmaß ein. In Deutschland, aber auch in Japan, entwickelten sich später zudem starke Absatzmärkte auch für die heimische Produktion. Doch auch hier führten – lediglich mit einiger Verspätung – stagnierende Löhne bei gleichzeitig stei-

30 Crouch, Privatised Keynesianism, S. 385ff.

31 Ebd., S. 386.

genden Belastungen der Sozialsysteme auf lange Sicht zu einem Anwachsen öffentlicher Schulden.[32]

Im Verlauf der 1970er Jahre begann der Abschied von dieser Politik der direkten staatlichen Stimulierung und Subventionierung der Nachfrage durch Schulden der öffentlichen Hand. Das spätfordistische Produktionsmodell geriet nun auch in seinem Inneren immer stärker unter Druck: Nicht nur stellten sich weiterhin Sättigungstendenzen in Bezug auf die Nachfrage nach standardisierten Massenprodukten ein. Auch das auf rigide technische Herrschaft setzende Produktionsregime des Fordismus sah sich in den 1970er Jahren mit einer Welle gewerkschaftlicher Militanz konfrontiert, die sich teilweise direkt gegen die Produktionsmethoden tayloristischer Arbeitsprozesse, also gegen betriebliche Herrschaft richtete. Sowohl als Konsumenten als auch als Arbeitskräfte verwehrten die Beschäftigten dem Spätfordismus zunehmend die Gefolgschaft. Colin Crouch hat argumentiert, dass die folgende Epoche der Neuausrichtung des Produktionsmodells der führenden Industrienationen und jener Regionen, die unter ihrem Einfluss standen, vor allem als eine Reorganisation der Stimulierung des Massenkonsums zu verstehen ist. Hatte bis dahin eine staatliche Schuldenpolitik der Verhinderung von Kaufkraftverlusten gedient, so übernahmen diese Aufgabe nun zunehmend die Konsumenten selbst. Es entstand ein »privatisierter Keynesianismus«[33], dessen Markenzeichen die Aufrechterhaltung von Kaufkraft durch die Expansion von Privatschulden, gespeist vor allem durch sinkende

32 Ebd.
33 Ebd.

Bonitätsstandards bei der Kreditvergabe und in der Folge die Expansion von Konsumkrediten, war. Die Schulden von Nichtfinanzakteuren in den westlichen Industrieländern wuchsen in diesem Zeitraum von 167 Prozent der Wirtschaftsleistung auf 314 Prozent. Von diesem Anstieg um 147 Prozentpunkte entfiel der größte Teil auf private Haushalte (56 Punkte), deren Schulden stärker zunahmen als die von Unternehmen (42 Punkte) und der öffentlichen Hand (49 Punkte).[34] Vor allem auf dem Immobilienmarkt der USA – wo die Schulden der privaten Haushalte im Jahr 2010 auf 13,4 Billionen Dollar, also 92 Prozent des BIP der USA, gewachsen waren –,[35] aber auch in Spanien und anderen Ländern führte die geradezu inflationäre Vergabe von Immobilienkrediten an Kunden mit verhältnismäßig schlechten Bonitätsdaten zu einer Überbewertung der Preise. Diese Blase platzte im Sommer 2007 mit dem Ausbruch der Subprime-Krise in den USA, die sich in der Folge schnell zu einer Bankenkrise und über Umwege zur Krise des Euro-Währungsraums auswuchs. Nach der Phase der über Schulden der öffentlichen Hand finanzierten Stimulierung der Nachfrage zeigte auch der privatisierte Keynesianismus deutliche Krisenerscheinungen.[36] Zwar ist mit dem Platzen der Immobilienblase in den USA die Expansion von Privat-

34 Cecchetti/Mohanty/Zampolli, The Real Effects of Debt.

35 Eine neue Weltwirtschaftskrise, Interview mit Duncan, S. 71.

36 Beobachter der Krise von 2008 und der Folgen wie der Ökonom Richard Duncan gehen gar davon aus, dass die Phase der Nachfragestimulation über die Expansion von Privatschulden in den USA einen kritischen Punkt erreicht habe, nach dem ein weiterer Anstieg unvermeidlich in eine weitere wirtschaftliche Depression führen müsse. Vgl. ebd., S. 77.

schulden keineswegs an ein Ende gelangt. Dieses Modell erwies sich jedoch als krisenanfällig. Das Problem der Aufrechterhaltung einer expansiven Nachfrage in den hoch entwickelten Ökonomien der OECD-Welt trat so erneut auf die Tagesordnung, zumal die Abhängigkeit der hoch entwickelten Ökonomien vom heimischen Konsum noch gestiegen war.[37]

Die Bedeutung der Heimatmärkte hoch entwickelter Ökonomien hatte paradoxerweise als Effekt von Maßnahmen zugenommen, die eigentlich auf die Lösung des Problems des abflachenden Konsums im Fordismus gezielt hatten. Während Staats- und später Privatschulden letztlich der Gewährleistung von Kaufkraft dienten, dominierten in der Produktionssphäre drei unterschiedliche Strategien der Steigerung der wirtschaftlichen Rentabilität. Erstens wurden, sowohl auf dem heimischen Arbeitsmarkt als auch jenseits von dessen Grenzen, neue Arbeitskraftreservoirs erschlossen und so Lohndruck erzeugt. Steigende Raten weiblicher Erwerbsbeteiligung verschärften zum einen die Konkurrenz auf den nationalen Heimatmärkten.[38] Die Internationalisierung der Produktionsprozesse, der Aufbau transnationaler Wertschöpfungsketten, erschloss den Unternehmen zum anderen ein Millionenheer williger Arbeiter, die sich mit weit geringeren Löhnen zufrieden gaben als die Stammarbeiterschaft des Fordismus. Der entscheidende Vorteil dieser neuen, globalen Reservearmee war aber freilich ein Problem für die Organisation der Nachfrage: Niedrige Löhne übersetzen sich in geringe Kaufkraft, weshalb die

37 Crouch, Privatised Keynesianism, S. 390.

38 Streeck, Citizens as Customers, S. 30.

Abhängigkeit der Unternehmen von ihren Heimatmärkten genau durch jene Prozesse erhöht wurde, die auf diesen Heimatmärkten zu Beschäftigungsverlusten, Lohndruck und daher tendenziell sinkender Kaufkraft führten.

Viele Industrieunternehmen suchten zudem die Lösung ihrer Probleme in einer weiteren Rationalisierung der Fertigungsprozesse. Immer öfter kam es im Rahmen »neuer Produktionskonzepte«[39] zu Teil- und Vollautomatisierungen. Menschliche Arbeitskraft, vor allem in verhältnismäßig einfachen Routinetätigkeiten, wurde eingespart. Mit Blick auf die Produktivität vieler Fertigungsprozesse war die Zunahme des Automatisierungsgrades in der Massenproduktion zwar durchaus erfolgreich.[40] Mit dem weiteren Erfolg des Produktionsmodells verschärfte sich allerdings die Krise des im Fordismus noch funktional komplementären Konsumtionsmodells. Auf nationalen Arbeitsmärkten schlugen sich die neuen Rationalisierungsprozesse in unterschiedlicher Geschwindigkeit, meist jedoch in ähnlicher Konsequenz nieder. Am unteren Rande der Qualifikationsstruktur, also in jenen Tätigkeiten, die besonders stark von Automatisierungsprozessen betroffen waren, stiegen die Arbeitslosenzahlen überproportional im Vergleich zur Restbevölkerung. Zudem löste die sinkende Nachfrage nach industrieller Einfacharbeit einen Negativdruck auf die Löhne geringqualifizierter Beschäftigter aus, was deren Einkommen stagnieren ließ. Der zeitgleiche Anstieg weiblicher Erwerbsbeteiligung führte zwar sowohl in makroökonomi-

39 Kern/Schumann, Das Ende der Arbeitsteilung.

40 Zu ungebrochenen Produktivitätssteigerungen im industriellen Sektor siehe Baumol, The Cost Disease.

scher Hinsicht als auch real in zahlreichen Haushaltskontexten zu relativen Kaufkraftgewinnen. Auch entstanden im Rahmen der Rationalisierung der Produktionsapparate zahlreiche neue, qualifizierte Tätigkeiten, die nicht nur bessere Arbeitsbedingungen, sondern auch steigende Einkommen für viele mittel- und hochqualifizierte Beschäftigte ermöglichten. Auf der anderen Seite des sozialen Spektrums expandierten allerdings vor allem die einfachen Dienstleistungen, die sowohl eine Großzahl der Neuankömmlinge auf den nationalen Arbeitsmärkten, vor allem Frauen und Migranten, als auch einen erklecklichen Teil der Rationalisierungsopfer des industriellen Sektors aufnahmen.[41] Ein neues Dienstleistungsproletariat[42] entstand, das weit geringere Löhne geltend machen konnte als jene Teile der Arbeitskräfte, die von der Kernarbeiterschaft des Fordismus übrig geblieben waren. Seit Beginn der 1980er Jahre zeichnet sich in der Folge in den meisten Industrienationen eine zunehmende Polarisierung am Arbeitsmarkt ab: Relativen Anteilsgewinnen im Bereich hochqualifizierter Arbeit stehen Anteilsverluste bei Geringqualifizierten gegenüber.[43]

Die Restrukturierungen der Produktionsapparate zielten freilich nicht nur auf die Reduktion von Personalkosten. Vielmehr wurde die Diversifizierung des Angebots angestrebt. Durch die Individualisierung der Pro-

41 Mayer/Bloßfeld, Berufsstruktureller Wandel und soziale Ungleichheit; Staab, Macht und Herrschaft in der Servicewelt.

42 Bahl/Staab, Das Dienstleistungsproletariat.

43 Zur Entwicklung von Arbeitsmärkten als Effekt technischen Wandels vergleiche die Debatte um *Skill-Biased Technical Change*, u.a. Autor/Levy/Murnane,The Skill Content; Autor/Dorn, The Growth of Low-Skill Job.

duktion sollten neue Kundenmärkte erschlossen werden, um damit die Absatzkrise der standardisierten Massengüter zu überwinden. In den 1980er Jahren war die Individualisierung der Produktion in einer so zentralen Branche wie der Automobilindustrie bereits so weit fortgeschritten, dass im Wolfsburger Volkswagen-Werk an einem Tag nicht zwei identische Autos vom Band rollten. Produkte konnten auf diese Weise deutlich teurer verkauft werden, was Profitsteigerungen ermöglichte.[44] Die Individualisierung der Produktion verhieß damit auch neue Nachfrageimpulse, wobei die entscheidenden Konsumentengruppen nun eher in hochqualifizierten Mittelschichtsberufen als unter den Resten der alten oder den neu entstehenden Teilen der Arbeiterschaft gesucht wurden.

Die dritte entscheidende Veränderung in der Produktionssphäre, die als Reaktion auf die sinkenden Profite des fordistischen Systems erfolgte, betrifft die Finanzialisierung der Ökonomie. Die stagnierende Nachfrage auf den Konsummärkten erzeugte in vielen Unternehmen Überkapazitäten im Bereich der Produktion. Die Globalisierung von Produktion und Absatzmärkten verursachte gleichzeitig eine verschärfte Konkurrenzsituation unter den transnationalen Unternehmen des in den 1990er Jahren expandierten Weltmarktes. Der daraus entstehende Druck auf das Akkumulationsregime motivierte viele Firmen zur Flucht in unterschiedliche Finanzvehikel.[45] Von produktionsfernen Anlageformen versprachen sich viele Manager der Old Economy vielfach Profite, die in der

44 Streeck, Citizens as Customers, S. 32.
45 Schiller, Power Under Pressure, S. 925.

Produktionssphäre nicht mehr zu erwirtschaften waren. Die Finanzialisierung der Unternehmen trug ihrerseits zur Stagnation der Nachfrage bei. Zum einen sanken beziehungsweise stagnierten als Effekt der zunehmenden Abhängigkeit der Firmen von finanzgetriebenen Profitmodellen die Löhne der Beschäftigten, weil freies Kapital in Finanzanlagen floss statt in Löhne,[46] während zugleich Tarifverträge und Arbeitsrecht an Breitenwirkung verloren.[47] Zum anderen reduzierten Finanzialisierungsprozesse die Wachstumsdividende, die zur Ausschüttung in Löhnen zur Verfügung hätte stehen können, indem sich die Schwerpunkte der Profitgenerierung in den Finanzbereich verschoben.[48] Effekt dieser Restrukturierung des Akkumulationsregimes war das bereits beschriebene Anwachsen von Privatschulden, die der Aufrechterhaltung der Konsumkraft dienten. Die steigende Nachfrage nach Krediten trug ihrerseits zur Expansion des Finanzsektors bei.[49]

Inkubationsprozesse des digitalen Kapitalismus

Rationalisierung, Globalisierung und Finanzialisierung waren strategische Antworten der Unternehmen auf die Wachstumskrise des Fordismus. Sie dienten gleichzeitig als Inkubatoren eines neuen Typus des Wirtschaftens, der

46 Am Fall französischer Unternehmen: Alvarez, Financialization, Non-Financial Corporations and Income Inequality.

47 Für den Zusammenhang von Finanzialisierung und der Erosion von Tarifverträgen und Arbeitsrecht siehe Darcillon, How does Finance Affect Labor Market Institutions?

48 Tomaskovic-Devey/Lin/Meyers, Did Financialization Reduce Economic Growth?

49 Schiller, Power Under Pressure, S. 925.

untrennbar mit dem Aufstieg des Informations- und Kommunikationssektors verbunden ist. Beim Bedeutungsgewinn von IKT im Kapitalismus der Gegenwart spielt der Finanzsektor sowohl als Kunde als auch als Investor eine entscheidende Rolle. Die beschriebene Finanzialisierung der Unternehmenspolitik ist ohne die notwendigen technischen Tools, die der Finanzsektor zur Verfügung stellte, nicht denkbar.[50] Auf der Suche nach mathematisch komplexen Produktinnovationen und zum Zwecke des Aufbaus weitreichender technischer Netzwerke investierten Banken und Investmentgesellschaften in großem Stil in IKT. Noch heute gilt, dass »Finanzdienstleister [...] die zweitgrößte sektorale Nachfragequelle von Informations- und Kommunikationstechnologie, direkt hinter der Kommunikationsindustrie«[51] bilden. Zugleich sind mit Asset-Management-Firmen, Banken und Risikokapitalfonds Finanzunternehmen die entscheidenden Akteure bei der Finanzierung der Internet- und Start-up-Ökonomie der Gegenwart.[52]

Auch die Globalisierung des Warenverkehrs und die post-tayloristischen Rationalisierungsprozesse in den Unternehmen sind ohne die Entstehung hocheffizienter digitaler IKT kaum denkbar. Im industriellen Sektor wäre die Transnationalisierung der Produktion unmöglich, könnten nicht zwischen einzelnen betrieblichen Einheiten permanente Abstimmungsprozesse erfolgen, die eine rationale Kalkulation von Wirtschaftsplänen sicherstellen. Durch die digitale Vernetzung von Liefer- und Pro-

50 Ebd.

51 Ebd. (eigene Übersetzung).

52 Vgl. Keese, Silicon Valley, S. 137ff.

duktionsketten können Kommunikationsprozesse zwischen räumlich weit verstreuten Produktionseinheiten in Echtzeit und damit praktisch ohne Reibungsverluste erfolgen.[53] Damit werden hochkomplexe und dennoch effiziente Produktionszusammenhänge möglich, wie beispielsweise jener des iPhones, das neun Firmen in sieben Ländern verbindet.[54]

Die Hoffnung auf eine »Quelle ungebremsten Wachstums«[55]

Die steigende Nachfrage nach digitaler Technologie und die Umleitung von Kapital aus dem Produktions- in den Finanzsektor und in die Informations- und Kommunikationsunternehmen erzeugten ein massives Wachstum von Unternehmen mit vornehmlich digitalen Geschäftsmodellen, also solchen die nicht auf die Produktion materieller Güter, sondern auf die Verarbeitung von Daten und Informationen bauen. Selbst der Dotcom-Crash der New Economy im Jahr 2000 hielt die Expansion des IKT-Sektors nur zeitweilig auf. Gestützt durch wirtschaftswissenschaftliche Prognosen und zahlreiche Studien aus der Beratungsindustrie[56] gilt vielen Unternehmen gerade seit der weltweiten Krise des Finanzsystems nach 2008 die Digitalisierung der Wirtschaft als entscheidendes Wachstumsfeld der Zukunft. Digitale Technologien bergen in

53 Auch in der Gegenwart treiben technische Innovationen wirtschaftliche Globalisierungsprozesse weiter voran, läuten womöglich gar eine »neue Phase der Globalisierung ein« (Boes/Kämpf, Arbeit im Informationsraum).

54 Ebd., S. 927.

55 Pfeiffer, Warum reden wir eigentlich über Industrie 4.0?, S. 23.

56 Vgl. exemplarisch Manyika u.a., The Internet of Things; Blanchet u.a., Industry 4.0; Manyika u.a., Disruptive Technologies.

ihren Augen das Potenzial, eine neue Quelle des nach dem Fordismus erlahmten Wachstums hoch entwickelter Ökonomien zu sein. Die kurzfristigen Gewinne, die in diesem Sektor zu erzielen sind, locken zudem das Risikokapital, das mittlerweile häufig von den Giganten der Digitalisierung, Google, Apple, Microsoft, Facebook und Amazon, zur Verfügung gestellt wird.[57]

Das Versprechen der Digitalisierung endet weder an den Grenzen der Internetökonomie, noch betrifft es ausschließlich die Verwendung des »virtuellen« Raums von Anwendungen im Internet. Digitalisierungsprozesse breiten sich in immer mehr Geschäftsfeldern aus, die bisher als arriviert und träge galten, und infiltrieren zunehmend die »analoge« Welt der materiellen Dinge: So wird beispielsweise mit der vollständigen Technisierung des Privatkundenbankings durch die Volldigitalisierung des Zahlungsverkehrs oder der Restrukturierung von Konsummodellen in der Unterhaltungsindustrie – also mit der Virtualisierung etablierter Branchen – experimentiert. Ebenso steht die technische Teilsubstitution von Tätigkeiten durch Robotikanwendungen, die auf digitalen Technologien basieren, im Fokus der Ingenieure – etwa im Bereich von Sorgetätigkeiten in der Altenpflege oder beim bereits erfolgenden Einsatz von Lernrobotern in der schulischen Ausbildung.[58]

57 Vgl. Manjoo, Tech's »Frightful 5«.

58 In 42 dänischen Grundschulen kommt beispielsweise der Lernroboter NAO zum Einsatz (Søndergaard, Roboter – unsere neuen »Anderen«, S. 43), der u.a. in der Sonderpädagogik verwendet wird. Auch in industriellen Arbeitswelten nehmen direkte Interaktionen zwischen Robotern und Menschen zu. Eine neue Generation

Digitale Technologien transformieren in diesen und anderen Bereichen die bis dato vorherrschenden Arbeitsprozesse und ermöglichen Automatisierungen in Feldern, die bisher als nicht technisierbar galten. Unternehmen wie Airbnb oder Uber restrukturieren beispielsweise das Gast- bzw. Beförderungsgewerbe,[59] Crowdsourcingplattformen[60] entwickeln sich zu wichtigen Orten der Arbeitskraftvermittlung. Die Vernetzung von Mitarbeitern durch Laptops, Tablets, Smartphones und andere *Digital Devices* ermöglicht ganz neue Prozesse betrieblicher Kontrolle – und vielfach auch eine Reorganisation der Arbeitsteilung. Nicht zuletzt tritt, wie bereits angedeutet, eine neue Generation intelligenter Roboter in die Arbeitswelt ein, die deutlich vielseitiger und günstiger sind als ihre historischen Vorgänger.[61]

Die Technologien des digitalen Kapitalismus, so kann man diese einstweilen selektiven Eindrücke zusammenfassen, diffundieren zunehmend in verschiedensten Bereichen der Arbeitswelt. Dabei werden gleichzeitig alte Ideen recycelt als auch neue Geschäftsmodelle erprobt.

von Leichtbaurobotern arbeitet dabei Hand in Hand mit den Menschen.

59 Über Airbnb können Personen ihre Privatwohnungen an Gäste vermieten. Uber ist eine Plattform für Personentransport, die Personen als zahlende Gäste zum Transport in den Privatwagen der Fahrer vermittelt. Ich werde später auf beide Unternehmen im Detail eingehen.

60 Es handelt sich um digitale Plattformen, die Selbstständigen verschiedene Arbeitsaufträge, häufig als Micro-Tasks im Cent-Bereich, vermitteln. Ich werde in Kapitel V ausführlich auf dieses Phänomen eingehen.

61 Die hier lediglich angedeuteten Phänomene werden in Kapitel V eingehender vorgestellt.

Die in Deutschland unter dem Schlagwort »Industrie 4.0« geführten Strategien zielen beispielsweise auf das Ausschöpfen digitaler Innovationen für altbekannte Rationalisierungsziele: Die weitere Technisierung und Automatisierung von Arbeitsprozessen, wie sie aus der Geschichte der Industriearbeit vertraut sind; die stärkere Integration der Wertschöpfungsketten, die schon einen entscheidenden Kern der Restrukturierungsmodelle der 1990er Jahre bildete; sowie die weitere Individualisierung der Produktion bei sinkenden Herstellungskosten.[62] Zugleich werden aber auch neue Wege zur Bearbeitung des Konsumtionsproblems beschritten, indem vermeintliche Hürden zwischen Kunden und Anbietern niedergerissen werden: Der boomende E-Commerce sowie zahlreiche Innovationen im Bereich der Warendistribution sollen einen zunehmend effizienten Konsum ermöglichen und so noch die letzten Nachfragereservoirs erschließen, die bisher durch knappe Zeitbudgets der Konsumenten bestanden hatten.[63] Die digitale Rationalisierung der Konsumtion verspricht damit einen neuen Bearbeitungsmodus des Konsumtionsproblems und somit einen neuen Wachstumspfad für die stagnierenden Ökonomien der Gegenwart. Um die sozio-ökonomische Funktionslogik der digitalisierten Wirtschaft zu verstehen, sind einige Schlaglichter auf die »praktische Theorie« dieses Produktionsmodells hilfreich. Denn der digitale Kapitalismus hat Geschichte und Programm, die mit seiner Realisierung in der Gegenwart untrennbar verbunden sind.

62 Für die unternehmerischen Ziele bei Industrie 4.0 siehe: Die nächste industrielle Revolution? Ein Gespräch mit Constanze Kurz.

63 Mehr hierzu in Kapitel IV.

III Digitale Ideologie – Digitale Ökonomie

Die materiellen und ideologischen Wurzeln des digitalen Kapitalismus liegen an der Westküste der USA, vor allem im Silicon Valley, der Wiege der Internetökonomie. Hier fanden im letzten Drittel des 20. Jahrhunderts Gegensätze zusammen, die man zuvor wohl für unvereinbar gehalten hätte. Der experimentelle Individualismus der Hippie-Kultur, die in der Bay Area einen ihrer globalen Schwerpunkte hatte, fusionierte mit der technischen Intelligenz des militärisch-industriellen Komplexes, der seit den 1950er Jahren in der Region ansässig war. Es entstand eine spezifische Kombination aus liberalem Individualismus und technologischem Determinismus, den Richard Barbrook und Andy Cameron schon in den 1990er Jahren als »kalifornische Ideologie« bezeichnet haben.[64] Evgeny Morozow hat der Diffusion dieser Weltsicht in den Leitunternehmen des Silicon Valley und der um diese Sonnen kreisenden Start-up-Planeten erst kürzlich weitreichende Ausführungen gewidmet.[65] Ihm zufolge hat sich die kalifornische Ideologie in den vergangenen 20 Jahren zu einem Geist des »Solutionismus« entwickelt, der durch die Idee gekennzeichnet ist, zahlreiche Probleme der Menschheit in Form ertragreicher Geschäftsmodelle einer technologischen Lösung zuführen zu können: Mobile Devices wie Laptop oder Smartphone sollen beispielsweise Beschäftigte zu immer mehr Autonomie in ihrer Arbeit befähigen und entfremdete Tätigkeiten nur mehr

64 Barbrook/Cameron, Die kalifornische Ideologie.
65 Morozov, Smarte neue Welt.

von smarten Robotern übernommen werden; von innovativen Verfahren des Seuchenschutzes durch die Auswertung digitaler Daten erwartet man bei Google den Ausbruch von Epidemien verhindern zu können; smarte Häuser, Carsharing-Modelle oder die Optimierung industrieller Produktionsprozesse sollen den CO_2-Ausstoß pro Kopf drastisch reduzieren und damit zum Erhalt der Umwelt beitragen.

Dieser Geist, in dem maßloser Technologieoptimismus, Geschäftssinn und überschwängliche Weltverbesserungsambitionen fusioniert sind, materialisiert sich vor allem in den Giganten der Internetökonmie, die zu mächtigen Monopolen bzw. Oligopolen mit globalem Einfluss aufgestiegen sind.[66] Allen voran Google steht mit seinem Firmenmotto »Don't be evil« für den Anspruch, sein Geschäftsmodell nach eigenem Wunsch in den Dienst der Menschheit zu stellen und dies mit den eigenen technologischen Innovationen auch erreichen zu können. Eric Schmidt, bis 2015 Executive Chairman von Google, spricht dieses Ziel offen aus: »In Zukunft werden die Menschen weniger Zeit dafür aufwenden, sich um die Technik zu kümmern [...], denn sie wird übergangslos sein. Sie wird einfach da sein. Das Web wird alles sein und nichts. [...] Ich denke, wenn wir es richtig angehen, können wir alle Probleme der Menschheit lösen.«[67] Facebook-Gründer Mark Zuckerberg stößt in dasselbe Horn. Er sieht die Mission seiner Firma darin, »die Welt offener und vernetzter zu machen«. Die Welt, so Zuckerberg, »steht vor vielen wirklich großen Herausforderungen,

66 Dolata, Volatile Monopole.

67 Zitiert nach Morozov, Smarte neue Welt, S. 19.

und unser Unternehmen liefert die Infrastruktur dafür, diese Herausforderungen zu meistern«.[68]

Karl Mannheim, der Klassiker der Wissenssoziologie, bringt den Begriff der Ideologie für solche Denkmodelle in Anschlag, die ihre Weltsicht als objektiv und frei von partikularen Interessen darstellen und für sie den Anspruch auf generelle Gültigkeit formulieren.[69] Unter dieser Perspektive ist der Geist des Solutionismus, wie ihn Morozov beschreibt, tatsächlich eine Ideologie, nimmt er doch in Anspruch, den alternativlosen Königsweg zur Lösung globaler Probleme in einem technologischen Zugriff auf die Welt als absolute Norm setzen zu können: »Das Bestreben, alle komplexen sozialen Zusammenhänge so umzudeuten, dass sie entweder als genau umrissene Probleme mit ganz bestimmten, berechenbaren Lösungen oder als transparente, selbstevidente Prozesse erscheinen, die sich – mit den richtigen Algorithmen! – leicht optimieren lassen«,[70] prägt, so Morozov, den Denkstil des Solutionismus.[71] Damit würden sämtliche sozialen Sachverhalte als prinzipiell technologisch lösbare Probleme bestimmt. Ob Mülltrennung, CO_2-Ausstoß, Seuchen oder demokratische Willensbildung – für den ideologischen Hammer, sähen noch die komplexesten Sachverhalte wie Nägel aus.

Ideologien geben nach Mannheim Antworten auf die drängendsten Fragen ihre Zeit. Die Kombination von philanthropischen Motiven, technophilem Solutionismus

68 Zitiert nach ebd., S. 9f.

69 Mannheim, Ideologie und Utopie.

70 Morozov, Smarte neue Welt, S. 25.

71 Vgl. zum ideologischen Anspruch des Silicon Valley auch Wagner, Google, das Silicon Valley und der Mensch als Auslaufmodell.

und knallhartem Geschäftssinn verweist insofern auf einen historischen Standort, der von der Wahrnehmung globaler Probleme im »Katastrophenkapitalismus«[72] der Gegenwart geprägt ist und diesem mit der technischen Vernunft des Ingenieursgeistes und der Selbstsicherheit der Avantgarde begegnet. Dynamik erhält dieses ideologische Gespann durch ein volkswirtschaftliches Theorem, das Weltenrettung und Technologie mit der Hoffnung auf eine neue »Quelle ungebremsten Wachstums«[73] verbindet, die die Produktions- und Konsumtionskrise des Gegenwartskapitalismus zu überwinden vermag: die Lehre vom disruptiven Charakter digitaler Innovationen.

Disruption als Signum der Gegenwart

Gerade in der Tech-Branche dominiert ein Denken über wirtschaftliche Zusammenhänge, das von einer spezifischen Idee ökonomischer Prozesse und einer damit verbundenen Strategie geprägt ist. Das Schlüsselwort dieses Geschäftsmodells ist »Disruption«. Klassischerweise wird mit technischen oder organisatorischen Innovationen auf inkrementelle Verbesserungen von Produktions-, Distributions- und Konsumtionsprozessen gezielt. In der funktionalen Arbeitsteilung in einer Fabrik wird beispielsweise ein einzelner Arbeitsschritt automatisiert, wodurch die Gesamtproduktivität des Arbeitsprozesses geringfügig verbessert wird. Stück für Stück finden auf diesem Wege Transformationen der Arbeitsorganisation statt, die das bereits etablierte System immer besser machen. Gleiches geschieht beispielsweise, wenn digitale Technologien

72 Harvey, Wachstum bis zum Untergang.
73 Pfeiffer, Warum reden wir eigentlich über Industrie 4.0?

zur Verbesserung der Kommunikation zwischen einzelnen Abschnitten einer Lieferkette eingesetzt werden, ohne dass dabei das Grundprinzip der Arbeitsteilung zwischen den beteiligten Partnern infrage gestellt wird. Informations- und Kommunikationstechnologien helfen beispielsweise dabei, die Koordination zwischen Standorten, die als Zulieferer und Empfänger aufeinander angewiesen sind, zu verbessern, wodurch Lagerkapazitäten und Wartezeiten reduziert werden, was sich wiederum positiv auf die Produktivitätsentwicklung auswirkt. Die vorherrschende Logik der Arbeitsteilung wird dabei lediglich verbessert, das Rad nicht neu erfunden. Auch in Dienstleistungsberufen, wie beispielsweise im Handel, können inkrementelle Innovationen zu Produktivitätssteigerungen führen, ohne die Struktur des Arbeitsprozesses grundlegend zu hinterfragen. So ist beispielsweise das Organisationsprinzip der Selbstbedienung, das das entscheidende Reorganisationsprogramm der vergangenen Dekaden im stationären Einzelhandel war, ebenfalls ein System, das die Infrastruktur des Geschäftsprozesses (Lager, Filiale, Kunde) unangetastet lässt.

Disruptive Innovationen versprechen dagegen nicht graduellen, sondern radikalen Wandel. Es geht nicht um die stückweise Transformation von Produktions-, Distributions- oder Konsumtionsmodellen, sondern um deren Neuerfindung. Mit disruptiven Innovationen wird auf das Zerstören etablierter Märkte durch die Implementation ganz neuer Produkte und Prozesse gezielt. Als vielversprechende beziehungsweise erfolgreiche »Disruptoren« werden beispielsweise Unternehmen wie Uber, Airbnb oder Produkte wie das iPhone in der Branche und von Investoren gefeiert. Sie veranschaulichen den von vielen Unternehmern der Digitalbranche angestrebten Entwicklungspfad: Der Fahrdienst Uber bietet die digitale Infrastruktur, um formal selbstständigen Fahrern die Beförderung von Personen in Privatfahrzeugen zu ermöglichen. Eine Handy-App, über die Fahrten gebucht und abgerechnet werden können, verbindet Fahrer und Kunden. Das Unternehmen selbst will sich aus Vermittlungsgebühren finanzieren, die entsprechend der Höhe des Fahrtpreises berechnet werden. Uber wurde bei der bis dato letzten Finanzierungsrunde im Frühjahr 2015 mit 51 Milliarden US-Dollar bewertet, ohne bisher Gewinne erwirtschaftet zu haben. Die Marktbewertung basiert lediglich auf dem Versprechen eines Geschäftsmodells, das potenziell in der Lage ist, eine ganze Branche, nämlich das Taxigewerbe, von Grund auf zu revolutionieren, Zwischenhändler wie Taxiagenturen und deren institutionelles Gerüst (Tarife, berufliche Zugangsberechtigungen, lokale Monopole) auszuschalten und sich an ihre Stelle zu setzen. Mit Airbnb, einem Unternehmen, das es Personen ermöglicht, ihre Privatwohnungen an zahlende Gäste zu vermieten, verhält es sich ähnlich. Airbnb kassiert Gebühren von Vermietern und Gästen. Die Geschäftsbeziehung ereignet sich jenseits dessen frei von institutionellen Regelungen wie etwa der Mehrwertsteuerpflicht, der das professionelle Gastgewerbe, das mit Airbnb um Übernachtungsgäste konkurriert, nach wie vor unterworfen ist. Innerhalb des Gastgewerbes hat Airbnb einen ganz neuen Markt geschaffen, der freilich traditionelle Unternehmen aus der Hotelbranche systematisch kanibalisiert. Auch das iPhone gilt als disruptive Erfindung und gleichzeitig als Vehikel zahlreicher disruptiv-innovativer Geschäftsmodelle, die in Form von Apps ihren Platz auf dem

Gerät finden und Branchen – vom Taxi- und Übernachtungsgeschäft über Reisebüros, Musik- und Filmindustrie bis zu den Produzenten von Straßenkarten – umgekrempelt haben oder dies anstreben. Das Gerät selbst »disruptete« den Markt für mobile Kommunikationhardware gerade, weil es als Wirt und Inkubator ganz unterschiedlicher Dienstleistungen dient, zu denen Kunden vorher kein ähnlich leichtgängiger Zugang beschieden war.

Der Begriff der »disruptiven Innovation« geht auf Clayton Christensens Buch *The Innovator's Dilemma* aus dem Jahre 1997 zurück. Christensen unterscheidet hier zwischen erhaltenden und disruptiven Innovationen. Erstere setzen an der stofflichen Struktur vorhandener Produkte an und nehmen an ihr, wie beschrieben, sukzessive, inkrementelle Verbesserungen vor. Sie orientieren sich an den gegenwärtigen Wünschen von Kunden, verlieren darüber aber die Antizipation – man könnte auch sagen: Erzeugung – zukünftiger Nutzerbedürfnisse aus dem Blick. Disruptive Innovationen – Christensen denkt beispielsweise an die ersten Personal Computer – sind den älteren Produkten, die durch erhaltende Innovationen stetig optimiert werden, zunächst unterlegen, erschließen aber ganz neue Märkte, die nach einer Phase des Übergangs weit größere Wachstumsimpulse erzeugen als die bereits etablierten. Das »Innovators Dilemma«, das Christensens Buch im Titel trägt, besteht folglich darin, dass aus der Binnenperspektive etablierter Unternehmen richtig wirkende Entscheidungen (erhaltende Innovationen) sich letztlich als Fehlentscheidungen erweisen können, wenn neue Produkte ganze Geschäftsmodelle infrage stellen.

Die Historikerin Jill Lepore, wie Clayton Christensen

in Harvard angesiedelt, hat sich in einen viel beachteten Essay im *New Yorker* mit den Wurzeln und der Struktur des Disruptionshypes in der Technologiebranche auseinandersetzt.[74] Sie sieht im Disruptionstheorem weit mehr als eine Theorie wirtschaftlicher Entwicklung durch Innovationen. Ihr zufolge handelt es sich um ein veritables Signum der Gegenwart, um eine Theorie, die sowohl die Beschleunigung[75] als auch die Geschichtslosigkeit ihrer Zeit spiegele. Disruption sei mehr als eine Eigenschaft bestimmter Produkte. Es handle sich vielmehr um eine Wettbewerbsstrategie »for an age seized by terror«, die ein ganz eigenes, normativ entleertes Geschichtsbild projiziere. Während das 18. Jahrhundert die Idee des Fortschritts propagiert habe und Entwicklung im 19. Jahrhundert vor allem als Prozess der Evolution gedacht worden sei, sei das 20. Jahrhundert durch die Idee von Wachstum und Innovation geprägt gewesen. Im Zeichen der Erfahrung des Terrors des 20. Jahrhunderts habe der Innovationsgedanke menschliche Entwicklungen von der Frage, ob diese auch gleichbedeutend mit Verbesserungen seien, befreit. Es galt das Motto: »The world might not be getting better and better but our devices are getting newer and newer«. Disruption transformiere nun die Idee inkrementeller Erneuerung hin zur Idee von Erneuerung als überwältigendem Prozess, der in Brüchen und Rupturen sämtliche etablierte Standards über den Haufen werfe, und gebe damit jede Beruhigung auf, die die Idee der stetigen Erneuerung im 20. Jahrhundert noch anzubieten hatte. Disruption sei daher der ideengeschichtliche Spie-

74 Lepore, The Disruption Machine.
75 Rosa, Beschleunigung.

gel einer Welt, die »auf einer profunden Nervosität bezüglich finanziellem Kollaps, apokalyptischer Angst und globaler Verwüstung« basiere. Disruption wird unter dieser ideengeschichtlichen Perspektive zu einem Signum der Gegenwart, weit jenseits der engen Fokussierung auf die Technologiebranche.

Anti-Institutionalismus

Jenseits der ideengeschichtlichen Dramatisierung sind bei der Konjunktur des Begriffs der »Disruption« freilich auch klar benennbare ideologische und ökonomische Dynamiken am Werk. So speist die Technophilie der Solutionisten eine Abneigung gegenüber etablierten Institutionen der »analogen Ära«. Nationalstaatliche Datenschutzgesetze stehen beispielsweise der umfangreichen Durchsetzung von Big-Data-Anwendungen im Weg, Steuern behindern das Geschäftsklima, das die Leitunternehmen der Digitalisierung und vermeintlich hochinnovative Start-ups so dringend benötigen. Larry Page, einer der beiden Gründer von Google, bringt diese Einstellung treffend auf den Punkt: »Es gibt eine Menge Dinge, die wir gern machen würden, aber leider nicht tun können, weil sie illegal sind«, so Page. »Wir sollten ein paar Orte haben, wo wir sicher sind. Wo wir neue Dinge ausprobieren und herausfinden können, welche Auswirkungen sie auf die Gesellschaft haben.«[76] Konsequenterweise arbeiten Konzerne wie Google oder Microsoft beispielsweise an schwimmenden Serverfarmen, die in internationalen Gewässern jenseits nationalstaatlicher Reglementierung

76 Zitiert nach Döpfner, Offener Brief an Eric Schmidt.

operieren könnten.[77] Patri Friedman, ein ehemaliger Google-Ingenieur, professioneller Pokerspieler und Enkel des Ökonomen Milton Friedman, verfolgt gar mit dem Seasteading Institute einen noch radikaleren Plan. Mit der finanziellen Unterstützung des im Silicon Valley legendären Investors Peter Thiel plant Friedman seit 2008 die Errichtung autonomer Inselstaaten, in denen der freie Markt der Entfaltung des ganzen Potenzials der dort ansässigen Unternehmen dienen soll.

Politische Verhandlungen zu Klimazielen oder Handelsabkommen wirken kleingeistig im Lichte der Möglichkeiten, die sich ohne störende Mittlerinstanzen technisch durchsetzen ließen. Auch etablierte Geschäftsmodelle und ihre Beharrungskräfte stehen der Durchsetzung smarter Lösungen im Weg, gerade wenn sie durch nationalstaatliche Schutzmaßnahmen vor der Disruption bewahrt werden. Die *Uber-Riots* aus dem Sommer 2015, in deren Verlauf Taxifahrer in mehreren französischen Städten regelrecht Jagd auf ihre Konkurrenten vom Fahrtdienst Uber machten, sie an der Ausübung ihrer Tätigkeiten hinderten oder gar deren Autos in Brand stecken, riefen beispielsweise die französische Justiz auf den Plan, die die strittige Dienstleistung Uber-Pop im Anschluss verbot.[78] Aus Sicht der Solutionisten müssen die französischen Entgleisungen wie Aufstände eines

77 Bei Google wird zudem laut über schwimmende »Arbeitsstädte« auf Schiffen in internationalen Gewässern nachgedacht, und verschiedene Projekte im Silicon Valley befassen sich mit der Etablierung eigener Satellitennetzwerke, die das Internet unabhängig von jedweden terrestrischen politischen Regulierungen machen könnten.

78 Vgl. Staab, Die Zähmung des Biestes.

Ancien Régime der Arbeitswelt gegen die überlegenene technische Vernunft und die notwendige Modernisierung der Welt erscheinen. Denn während klassische Taxiunternehmen üblicherweise große Fuhrparks vorhalten, bietet Uber doch vermeintlich die Möglichkeit, mehr Transport mit weniger Fahrzeugen zu bewerkstelligen. Wenn sich nun, wie in Frankreich (und ebenso in Deutschland) geschehen, Regierungen zum Anwalt der Taxibranche machen, so kann dies nur die Ansicht der Solutionisten bestätigen, wonach lediglich der reine Markt der Durchsetzung smarter Technologien dienen kann. Nur Geschäftsmodelle, die die vermeintlich sklerotischen Strukturen, die diesem Markt Grenzen setzen, aufsprengen, haben aus dieser Perspektive reale Chancen, das Potenzial der technischen Möglichkeiten auch auszuschöpfen.

Sozio-technische Ökosysteme: Der Kampf um Aufbau und Niedergang

Zugleich ist die Disruptionsmaschine durch ihren eigenen Erfolg gefährdet, wenn »siegreiche« Geschäftsmodelle selbst verknöchern. Diese Gefahr besteht in der digitalen Ökonomie im Besonderen, weil einige ihrer Merkmale den schnellen Aufstieg und Positionserhalt von Geschäftsmodellen systematisch befördern. So sind digitale Produkte beispielsweise durch sehr niedrige Grenzkosten gekennzeichnet, das heißt, die Entwicklungskosten eines Produktes mögen hoch sein, die Kosten, die zu seiner Reproduktion anfallen, sind jedoch äußerst gering. Digitalunternehmen bestehen daher zum größten Teil aus Forschungs- und Entwicklungsabteilungen, die sich in einem erbitterten Wettbewerb befinden, der die

Geschwindigkeit von Produktinnovationen anheizt. Das macht die ständige Erweiterung des Produktportfolios zu einem entscheidenden Faktor für den Erfolg von Unternehmen. Hinsichtlich Know-how und Ressourcenausstattung sind große Firmen kleineren Konkurrenten systematisch überlegen, weshalb, wie schon vor dem Dotcom-Crash im Jahre 2000, das Motto gilt: »Get big fast!«.[79] Nur schnelles Wachstum kann ein Unternehmen in der Konkurrenz mit anderen schnell wachsenden Wettbewerbern halten. Disruptive Innovationen versprechen dabei den kürzesten Weg zu schneller Größe, weil sie die Spielregeln ändern, inkrementell wachsende Geschäftsmodelle gewissermaßen rechts überholen. Allerdings haben sich gerade in den 1990er Jahren die Phasen großer Marktmacht einzelner Unternehmen als recht kurzfristig erwiesen. Kluge Innovationen waren in der Lage, ein Segment des digitalen Marktes in relativ kurzer Zeit umzukrempeln – man denke nur an den Aufstieg der Suchmaschine Google, die mit einem überlegenen Algorithmus den Marktführer Yahoo aus dem Feld schlug.

Aus der Volatilität[80] digitaler Monopole haben die Internetgiganten spezifische Konsequenzen gezogen. Sie setzen immer stärker auf den Aufbau geschlossener soziotechnischer Ökosyteme,[81] das heißt auf eine Variation ihres Produktportfolios bei gleichzeitig hohem Vernetzungsgrad der einzelnen Produkte und steigender Exklusivität gegenüber den Angeboten von Wettbewerbern. Daten aus den Systemen von Apple und Google sind für

79 Vgl. Kühl, Konturen des Exitkapitalismus.
80 Dolata, Volatile Monopole.
81 Ebd.; Nachtwey/Staab, Die Avantgarde des digitalen Kapitalismus.

Nutzer beispielsweise nur mit hohen Transaktionskosten konvertierbar. Ziel der Unternehmen ist es, geschlossene Systeme zu etablieren, die sie zum exklusiven Anbieter für einzelne Kunden machen. Ein iPhone oder iPad bietet seinem Besitzer hohe Anreize, auch andere Produkte, etwa Musik, von Apple zu beziehen. Gleiches gilt für Googles Smartphone-Betriebssystem Android, das eine Vernetzung der eigenen Google-E-Mail-Konten und weiterer Google-Dienste ermöglicht, die für Nutzer viele Vorteile birgt. Sowohl Google als auch Apple investieren zugleich in Technik für smarte Eigenheime, unterschiedliche Robotik-Firmen und vernetzte Automobile, was verdeutlicht, dass der Aufbau sozio-technischer Ökosysteme mit den bisher angebotenen Diensten keineswegs abgeschlossen ist. Weiter befördert wird das schnelle Wachstum einiger Geschäftsmodelle durch starke Netzwerkeffekte, über die viele digitale Produkte verfügen. Haben vor allem Kommunikationsplattformen und interaktive Dienste[82] einmal eine kritische Masse an Nutzern erreicht, wird es für immer mehr Kunden attraktiv, sich ebenfalls anzuschließen. Die Kombination aus niedrigen Grenzkosten und Netzwerkeffekten, die den Aufbau sozio-technischer Ökosysteme begünstigt, erzeugt systematisch »Matthäuseffekte«, die sich in einer Stabilisierung von Monopolen und Oligopolen niederschlagen.[83] Geringe Grenzkosten und Netzwerkeffekte machen die Großen immer größer. Sozio-technische Ökosysteme schotten die Kreisläufe ge-

82 Man denke an Facebook oder Kommunikationsdienste wie WhatsApp und Skype, die immer attraktiver werden, je mehr Menschen sich an ihnen beteiligen.

83 Nachtwey/Staab, Die Avantgarde des digitalen Kapitalismus.

gen das Eindringen von Konkurrenten ab. Für Newcomer am Markt legt dies wiederum nur einen Weg nahe: selbst erfolgreiche Geschäftsmodelle zu entwickeln. Etablierte Dienste müssen durch disruptive Innovationen überwältigt werden, will man überhaupt einen Fuß in die Tür bekommen. Diese Art der Überwältigung durch Innovation ist das Spielfeld neuer Unternehmen in der Digitalbranche, der sogenannten Start-ups.

Die Start-ups und das Risikokapital

Start-ups sind nicht nur aufgrund der David-versus-Goliath-Situation, die den Markt für digitale Geschäftsmodelle prägt, sondern auch aufgrund der Finanzierungssituation in diesem Bereich zur Huldigung disruptiver Innovationen geradezu verpflichtet. Seit der Dotcom-Crash von 2000 verwunden wurde, sind enorme Summen an Risikokapital in die Digitalwirtschaft geflossen. (Das Austrocknen des Marktes für verbriefte Hypotheken und andere riskante Finanzprodukte nach der Finanzkrise seit 2007 hat diesen Trend gestützt.) Im Jahr 2015 wurden in den USA 58,8 Milliarden Dollar Risikokapital in Start-up-Beteiligungen investiert, was den zweithöchsten Wert seit 1995 darstellte.[84]

Die ökonomische Logik hinter der Verwendung von Venture-Kapital in diesem Bereich hat bereits Stefan Kühl anhand einer Analyse der Investitions- und Unternehmensstrategien im Vorfeld des Dotcom-Crashs im März 2000 eindrücklich beschrieben.[85] Schon in den 1990er

84 National Venture Capital Association, $ 58.8 Billion in Venture Capital.

85 Kühl, Konturen des Exitkapitalismus.

Jahren wurden enorme Summen in unterschiedliche digitale Geschäftsmodelle investiert. Die Renditehorizonte des dabei dominierenden Risikokapitals sind vergleichsweise kurz. Während Investitionen in der Old Economy laut Kühl zumindest idealtypisch aus den eigenen Profiten einer Firma bezahlt werden und vielfach langfristig ausgerichtet sind, strebt Risikokapital in der Regel ein vergleichsweise schnelles Abschöpfen der erwarteten Profite an. Gleichzeitig wird das Risiko einer Investition minimiert, indem mit hoher Streuung angelegt wird. Es werden Investitionen in zahlreichen Unternehmen vorgenommen, von denen letztlich nur Wenigen wirtschaftliche Erfolge beschieden sind. Einer häufig kolportierten Aussage zufolge scheitern neun von zehn Start-ups letztlich. Das bedeutet für Risikokapitalgeber, dass in 90 Prozent der Fälle die eigenen Investitionen abgeschrieben werden müssen, falls es nicht gelungen ist, die eigenen Anteile zum Zeitpunkt einer guten Marktbewertung der Firma abzustoßen. Die zehn Prozent Gewinnerunternehmen müssen folglich eine Rendite ermöglichen, die die Verluste der neunzig Prozent scheiternder Firmen ausgleicht. Dies ist nur bei exorbitanten Gewinnen beziehungsweise einer Marktbewertung möglich, die solche Gewinne erwartet. Disruptive Innovationen versprechen eben diese Möglichkeit immenser Profite, die Verluste in anderen Bereichen mehr als ausgleichen sollen. Wer Risikokapital einwerben möchte, muss vor allem das disruptive Potenzial seines Geschäftsmodell erfolgreich vermarkten, weshalb die entscheidende Rolle von Venture-Kapital der dritte Faktor ist, der die Idee disruptiven Wandels stützt.

Kühl macht zudem darauf aufmerksam, dass keineswegs die letztlich realisierten Gewinne einer Firma die maßgebliche Motivation für eine Unternehmung, sei es als Investor, sei es als Unternehmer, darstellen müssen. Vielmehr hätten schon in den 1990er Jahren die Ziele der Kapitalgeber zu einer Exit-Orientierung geführt, die auch viele Unternehmer betrifft. Risikokapitalgebern geht es nicht um das langfristige Abschöpfen von erwirtschafteten Profiten. Ihr Geschäftsmodell basiert auf dem zeitweisen Mästen eines Unternehmens, um die eigenen Anteile im richtigen Augenblick – häufig dem Börsengang einer Firma – mit hohen Gewinnen loszuschlagen. »Die Konsequenz ist, dass Risikokapitalgeber ihr Engagement in Firmen der New Economy immer ›vom Ende her‹ denken. Der ›Harvest-Gedanke‹ spielt bereits bei der Planung eines Investments eine zentrale Rolle, weil der Risikokapitalgeber bei seinen eigenen Kalkulationen die verschiedenen Ausstiegsoptionen in Betracht zieht.«[86] Diese Exit-Logik diffundiert laut Kühl auf Gründer, Manager und Mitarbeiter, erzeugt gar einen neuen Unternehmertypus. Für den »seriellen Unternehmer« wird nicht mehr der langfristige Erfolg des Unternehmens zum entscheidenden Parameter des eigenen Handelns. Vielmehr bildet der gewinnbringende Verkauf der eigenen Firmenanteile zum richtigen Zeitpunkt an ein Unternehmen der Old Economy, an einen Konkurrenten oder an einen der Digitalisierungsgiganten das Ziel der unternehmerischen Kalkulation, wie sich paradigmatisch in der in der Start-up-Branche geläufigen Formulierung für den Erfolg einer Unternehmung ablesen lässt: Es gilt, »den Exit zu schaffen«. Der kurzfristigen Kalkulation des Venture-Kapitals

86 Ebd., S. 198.

korrespondieren demzufolge reflexive Unternehmer, die bereit sind, beim schnell getakteten Handel der Ideen mitzuspielen. Die Vermutung liegt nahe, dass Disruption hier vornehmlich als Werbeslogan dient, bei dem unklar ist, ob man überhaupt unterstellen darf, dass die beteiligten Akteure an das disruptive Potenzial ihrer eigenen Produkte oder doch zumindest an die Realität der Logik disruptiver Innovationen glauben.

In der Konjunktur des Disruptionsbegriffs schlägt sich ein ökonomischer Diskurs nieder, der wie gemacht erscheint für den unter Produktions-, vor allem aber Konsumtionsengpässen darbenden Kapitalismus der Gegenwart. Disruptive Geschäftsmodelle versprechen, auf einen Streich neue Märkte zu kreieren und damit vor allem den Konsum anzuheizen, weil beispielsweise Taxifahrten und Übernachtungen billiger werden und das Warenhaus in Form des Smartphones immer nur einen Griff in die Hosentasche weit entfernt ist. Zahlreiche inkrementelle Veränderungen in der Produktions- und Konsumsphäre wurden seit dem Ende des Fordismus erprobt, ohne die langfristigen Wachstumsprobleme zu lösen. Disruption verspricht einen Befreiungsschlag, weil vermeintlich ganz neue Wege beschritten werden. Um die Tragweite der Transformationsprozesse der Wirtschaft ermessen zu können, bedarf es eines genaueren Verständnisses des komplexen Verhältnisses von Produktion und Konsumtion im Prozess der Digitalisierung.

IV Von der Rationalisierung der Produktion zum effizienten Konsum

Folgt man den zahlreichen Studien, die beispielsweise durch Beratungsunternehmen in jüngerer Vergangenheit erstellt wurden,[87] dann verspricht die Digitalisierung der Ökonomie, die Wachstumskrise des Kapitalismus durch einen neuen Schub wirtschaftlicher Produktivitätssteigerung zu überwinden. Üblicherweise speisen sich *Produktivitätsgewinne* vor allem aus *Rationalisierungserfolgen* in der Produktionssphäre: Rationalisierung erzeugt effizientere Fertigungsmethoden, mit deren Hilfe Produktionskosten reduziert werden beziehungsweise der Output eines Produktionsprozesses bei gleichbleibenden Kosten erhöht wird, wodurch Produktivitätsgewinne erzielt werden. Die Sphäre der Konsumtion wird dagegen klassisch lediglich als jener Ort verstanden, an dem Angebot und Nachfrage aufeinandertreffen. Rationalisierungsprozesse haben hier zwar auch immer wieder stattgefunden – so ist etwa die Erfindung des Warenhauses ein Meilenstein in der Optimierung des zeiteffizienten Zugangs von Konsumenten zu Waren. Dennoch kamen ganzheitliche, technische Rationalisierungsmodelle, die etwa der wissenschaftlichen Betriebsführung im Taylorismus entsprochen hätten, hier bisher nicht zum Einsatz. Heute allerdings stehen neben der Sphäre der Produktion von Gütern und Dienstleistungen auch die damit verbunde-

87 Vgl. exemplarisch Manyika u.a., The Internet of Things; Blanchet u.a., Industry 4.0; Manyika u.a., Disruptive Technologies.

nen Muster der Konsumtion im Fokus der Architekten der digitalisierten Ökonomie.

In der Produktionssphäre sind weder Digitalisierungsprozesse an sich noch die damit verbundenen Ziele gänzlich unbekannt.[88] Vielmehr ist mit der digitalen Fabrik eine Entwicklung angesprochen, die sich spätestens seit den frühen 1980er Jahren in ökonomisch hoch entwickelten Gesellschaften beobachten lässt. Auch die Ziele, die heute unter dem Stichwort »Industrie 4.0« in Deutschland diskutiert werden, gehören zum Kerninventar der Betriebsführungsprogramme der letzten Jahrzehnte. Wenn heute von einer neuen Qualität der Individualisierung der Produktion oder der verstärkten Integration von Wertschöpfungsketten die Rede ist, so sind damit Schlagwörter aufgerufen, die bereits die Ziele betrieblicher Restrukturierungsprogramme der 1980er und 1990er Jahre bildeten. Auch die zunehmende Vernetzung von Logistikketten und Integration von Administrationsaufgaben, die Kernelemente von Industrie 4.0 darstellen, sind bereits in den 1980er Jahren als essenzielle Bestandteile von seinerzeit neuen Prozessen »systemischer Rationalisierung« und »Lean Production«, also Maßnahmen zur stärkeren Integration der Lieferketten in der Industrie und engeren Vernetzung der EDV im Bereich von Verwaltungs- und Steuerungsaufgaben, thematisiert worden.[89] Heute mögen lediglich »die Speicherleistungen [...] größer, die Sensoren präziser, die Übertragungsgeschwindigkeiten

88 Die nächste industrielle Revolution? Ein Gespräch mit Constanze Kurz, S. 86f.

89 Ebd.; zum Begriff »systemischer Rationalisierung« vgl. Altmann/Sauer (Hg.), Systemische Rationalisierung und Zulieferindustrie; Baethge/Oberbeck, Die Zukunft der Angestellten.

höher werden, eine grundlegende Veränderung der Rationalisierungslogik hat nicht stattgefunden«.[90] Immer sichtbarer werden zudem klassische Rationalisierungsziele, wie die Verschärfung betrieblicher Überwachung und Kontrolle, die mit weit avancierteren Mitteln zu Werke gehen, als dies aus früheren Technisierungsschüben vertraut ist. So werden heute in zunehmendem Maße auch dezentrale Arbeitsprozesse technisch überwachbar. Smartphones und andere digitale Endgeräte liefern beispielsweise präzise Bewegungsdaten von solchen Beschäftigten, deren Tätigkeiten noch bis vor Kurzem weitgehend ohne Aufsicht ausgeübt wurden.

Über den wirtschaftlichen Erfolg der Digitalisierung sind sich die Beobachter allerdings uneins. Vor allem Praktiker aus der Wirtschaft setzen mit tatkräftiger Unterstützung der Beratungsindustrie in »neo-schumpeterianischer« Manier auf die vermeintlich enormen Potenziale schöpferischer Zerstörung, die die Durchwirkung der Produktionsprozesse mit digitaler Technik entfalten soll.[91] Im Gewerkschaftslager äußern sich dagegen selbst Vertreter einer moderat-optimistischen Haltung zu Digitalisierungsprozessen skeptisch bezüglich deren Potenzial, erhebliche Produktivitätssteigerungen zu bewirken. Diese seien jedenfalls in den Produktivitätsstatistiken der Unternehmen bisher nicht eindeutig nachweisbar, eher gebe es gar Hinweise auf zumindest temporäre Produktivitätsrückgänge.[92]

90 Kühl, Zeitdiagnosen 4.0.

91 Dörre, Digitalisierung – neue Prosperität oder Vertiefung gesellschaftlicher Spaltungen?, S. 270.

92 Die nächste industrielle Revolution? Ein Gespräch mit Constanze Kurz, S. 94.

Digitalisierung und Produktivität

Solch skeptische Stimmen wissen einen wichtigen Strang der ökonomischen Forschung hinter sich, der bereits seit den 1980 Jahren vom Produktivitätsparadox der Computerisierung spricht, welches sich maßgeblich auf die Aussage Robert Solows von 1987 bezieht, wonach man das Computerzeitalter überall sehen könne, außer in der Produktivitätsstatistik. In jüngerer Vergangenheit hat vor allem Robert Gordon dieser These in einem viel beachteten Aufsatz zu neuer Popularität verholfen.[93] Gordon zufolge lässt sich die Geschichte wirtschaftlichen Wachstums in den USA als Effekt dreier aufeinanderfolgender industrieller Revolutionen beschreiben. Die erste industrielle Revolution brachte zwischen 1750 und 1830 die Dampfmaschine, die ersten industriellen Spinnmaschinen sowie die Eisenbahn hervor. In die zweite Revolution, die Gordon für die wichtigste hält, fallen die Erfindung der Elektrizität, des Verbrennungsmotors sowie die Möglichkeit fließenden Wassers in Gebäuden – drei Erfindungen, die allesamt zwischen 1870 und 1900 stattfanden. Als dritte industrielle Revolution begreift Gordon die Implementation von Computertechnik und des Internets seit den 1960er Jahren.

Die benannten drei Entwicklungsschübe wirkten allerdings keineswegs gleichartig. Nach Gordon haben technologische Innovationen eine lange Wirkungsgeschichte, in deren Verlauf sie ihr gesamtes Produktivitätspotenzial entfalten. Ein bekanntes Beispiel hierfür bietet die Einführung von Elektromotoren in der industriellen Produktion. Vor deren Implementation wurden die Ma-

93 Gordon, Is US Economic Growth Over?; siehe auch: Gordon, Rise and Fall.

schinen meist von einer zentral positionierten Dampfmaschine angetrieben. Die energieintensivsten Maschinen wurden in größtmöglicher Nähe zur zentralen Energiequelle und nicht entsprechend des für den Arbeitsablauf sinnvollsten Standorts im Arbeitsprozess positioniert. Bei der Elektrifizierung der Fabriken wurden die neuen Motoren zunächst schlicht an jene Stelle gesetzt, die zuvor von der zentralen Dampfmaschine eingenommen worden war. Die Potenziale dezentraler Stromversorgung, die unter anderen eine ganz neue, rationalere Anordnung des Maschinenparks ermöglicht, waren noch nicht erkannt worden. Es dauerte Jahrzehnte bis sich die Erkenntnis durchsetzte, dass die Elektrifizierung eine grundsätzliche Neuordnung der Produktionsapparate ermöglichte und nicht mehr die energieintensivsten Maschinen am nächsten zum zentralen Antriebsaggregat zu stehen hatten.[94] Das Potenzial für Produktivitätswachstum, das die neue Technologie bot, wurde erst lange Zeit nach ihrer Implementation ausgeschöpft.

Laut Gordon hatten vor allem die großen Erfindungen der ersten beiden industriellen Revolutionen Folgewirkungen für das Produktivitätswachstum, die jeweils etwa 100 Jahre wirkten. Noch zwischen 1950 und 1970 beispielsweise nährten sich Folgeinnovationen, wie der Ausbau des Fernstraßennetzes oder die Installation von Klimaanlagen, von den Basistechnologien der zweiten industriellen Revolution.

Die Produktivitätsgewinne durch Einführung der Computertechnik und des Internets seien dagegen bereits ab 2004 im Grunde ausgeschöpft. Die großen Automati-

94 Frey/Osborne, The Future of Employment, S. 9.

sierungserfolge durch Digitalisierungsprozesse lägen lange zurück: Das »Mädchen vom Amt« verschwand in den 1960er Jahren, die Rationalisierung der Verwaltungen, die zahlreiche repetitive Bürojobs überflüssig machte, ereignete sich in den 1980ern. Der E-Commerce habe die letzte Phase rapider Entwicklung geprägt, die allerdings seit 2005 weitgehend abgeschlossen sei. Seither hätten Digitalisierungsprozesse vornehmlich Unterhaltungs- und Kommunikationstechnik weiter verbessert, wovon allerdings keine entscheidenden Impulse für Wirtschaftswachstum ausgegangen seien.

»Invention since 2000 has centered on entertainment and communication devices that are smaller, smarter, and more capable, but do not fundamentally change labour productivity or the standard of living in the way electric light, motor cars or indoor plumbing changed it.«[95]

Die Wachstumseffekte der Digitalisierung blieben überschaubar und sind Gordon zufolge bereits weitgehend aufgebraucht.

An diesem Punkt setzen Kritiker von Gordons Konzeption, wie die beiden MIT Mitarbeiter Andrew McAfee und Erik Brynjolfsson, an.[96] Ihnen zufolge handelt es sich bei Informations- und Kommunikationstechnik um Universal- oder Basistechnologien, die mit der Dampfkraft oder der Elektrizität vergleichbar seien und auch in Zukunft als Inkubatoren einer Vielzahl wirtschaftlicher Innovationen infrage kämen. Die Folgeinnovationen der Digitalisierung seien noch nicht annähernd ausgeschöpft, vielmehr befänden wir uns derzeit erst am Beginn eines

95 Gordon, Is US Economic Growth Over?, S. 2.

96 Brynjolfsson/McAfee, The Second Machine Age.

Innovationszyklus unvorstellbaren Ausmaßes. Als entscheidendes Kriterium für die prospektiven Produktivitätsgewinne der Digitalisierung gelten den Autoren die schier unendlichen Möglichkeiten der Kombinatorik von Informations- und Kommunikationstechnologien mit bereits bestehenden Techniken und Geschäftsmodellen:[97] Selbstfahrende Automobile, wie jene der Firma Google, kombinierten beispielsweise die klassische Technologie des Verbrennungsmotors mit digitalen Elementen und revitalisierten damit eine ganze Branche. Gleiches gilt für den E-Commerce, den Warenhandel im Internet, der nicht nur den Einzelhandel, sondern die Konsummuster von Milliarden von Kunden transformiert.

Die wissenschaftliche Auseinandersetzung um das wirtschaftliche Wachstumspotenzial, das durch die Einführung digitaler Technik in zahlreichen Branchen womöglich geweckt wird, changiert zwischen diesen beiden konträren Polen: Der nüchternen wirtschaftshistorischen Betrachtung zufolge haben die neuen Technologien bisher keine Wachstumsimpulse erzeugt, die jenen vorangegangener Produktivitätsrevolutionen vergleichbar wären. Die Gegenstimmen argumentieren auf Basis exemplarischer Belege, dass die entscheidenden Produktivitätsschübe in naher Zukunft realisiert würden. Die Kontroverse scheint bisweilen den Charakter eines Glaubenskonfliktes anzunehmen, in dem historische Abstraktion gegen konkreten Zweckoptimismus steht.

Doch führt die Frage nach den Produktivitätserfolgen durch große Erfindungen ohnehin am Kernproblem des digitalen Kapitalismus vorbei. Denn sowohl bei Eintre-

97 Ebd. S. 97ff.

ten als auch im Falle des Ausbleibens sprunghafter Produktivitätssteigerungen bliebe schließlich das Konsumtionsproblem, also die Tatsache, dass die Nachfrage nicht komplementär mit der Produktivität wächst, in seiner bereits bestehenden Form erhalten. Ein enormer Anstieg der Produktivität würde dieses zunächst nur weiter verschärfen, da das Wirtschaftssystem zu seiner eigenen Reproduktion in diesem Falle noch stärker als bisher auf Nachfragewachstum angewiesen wäre: Denn wer mehr produziert, muss auch mehr verkaufen. Lediglich bei komplementär steigenden Löhnen bestünde die Möglichkeit, dass der Konsum gegenüber der Produktion »aufholen« könnte. Steigende Löhne sind jedoch, mit Blick auf die digitalen Rationalisierungserfolge der Vergangenheit, wie bereits erwähnt, nicht zwingend zu erwarten. Die Boom-Phasen der jüngeren Vergangenheit korrespondierten eher mit sogenannten »jobless-growth-Episoden«, also Zeiten, in denen Produktivitätswachstum gerade keine positiven Effekte auf Löhne und Beschäftigung hatte.[98] Schwaches Produktivitätswachstum, wie es Robert Gordons Überlegungen implizieren, übersetzte sich dagegen zwingend in stagnierende Kaufkraft und verschärfte somit die Nachfrageproblematik ebenfalls, weil kaum Rationalisierungsdividenden, die zur Ausschüttung in Löhne zur Verfügung stünden, erwirtschaftet würden. Im Lichte dieser Überlegungen erscheint es nur konsequent, dass die Architekten zahlreicher digitaler Geschäftsmodelle der jüngeren Vergangenheit vor allem

98 Vgl. exemplarisch Jaimovich/Siu, The Trend is the Cycle. Zu technologischem Wandel als Ursache von *jobless growth* vgl. Brynjolfsson/McAfee, Race Against the Machine.

in der Optimierung von Konsum und konsumnahen Dienstleistungen die Schwerpunkte ihrer Rationalisierungsbemühungen setzen.

Effizienter Konsum

Gerade innerhalb der stark industriell zentrierten Debatte um Industrie 4.0 wird gerne übersehen, dass massive Restrukturierungsprozesse derzeit vor allem in konsumnahen Dienstleistungen stattfinden. Unternehmen, Entwickler und Inkubatoren setzen dabei zur Erzeugung von Nachfrage auf die Übertragung industrieller Rationalisierungsmodelle auf Distributions- und Konsumtionsprozesse. In Anlehnung an die Lean-Production-Modelle der Industriearbeit kann man von Strategien der Lean Consumption sprechen.[99] Gemeinsam ist beiden Konzepten, dass sie auf den Abbau ineffizienter Reibungsverluste sowohl durch die stärkere Integration der jeweiligen Arbeitsabläufe als auch durch die Stärkung der Handlungsautonomie der ausführenden Ebene – das heißt im Falle der Produktion auf die jeweils konkret am Produkt Tätigen, im Falle des Konsums auf die Verbraucher – zielen.

Der Begriff der »Lean Production« entstammt der sogenannten MIT-Studie, die zwischen Mitte der 1980er und Anfang der 1990er Jahre in der seinerzeit global führenden japanischen Automobilindustrie durchgeführt wurde.[100] Den Kern von Lean-Production-Prozessen bildet das Ziel, unnötige Zwischenschritte auszuschalten, die in anderen Organisationsmodellen anfallen. Dies ge-

99 Zum Begriff der »Lean Consumption« vgl. Womack/Jones, Lean Consumption.

100 Vgl. Womack/Jones/Roos, The Machine That Changed the World.

schieht zum einen durch die Übertragung von Autonomie auf die unterste Ebene des Produktionsprozesses: So kann beispielsweise ein erfahrener Produktionsarbeiter im Falle von Funktionsstörungen im Arbeitsprozess womöglich bessere Entscheidungen treffen als ein Vorgesetzter, der nicht über das entsprechende Erfahrungswissen verfügt, den der Arbeiter in hierarchischen Betriebsformen aber zu konsultieren hätte. Durch die Übertragung der Verantwortung auf Beschäftigte der ausführenden Ebene können, der Programmatik der Lean Production folgend, damit nicht nur bessere Entscheidungen getroffen werden, im Grunde werden auch überflüssige Entscheidungsebenen eingespart. Zum anderen tilgen auch technisch und administrativ stärker integrierte Produktions- und Lieferketten Reibungsverluste, die entstehen können, weil Güter über lange Zeit gelagert werden müssen oder ein Produktionsprozess auf Materialien zur Verarbeitung warten muss, weil nicht rechtzeitig Nachschub geordert wurde.[101]

In Lean-Consumption-Modellen wird nun auf eine strukturähnliche Verschlankung der Konsumtionsapparate gesetzt. Die dem E-Commerce, dem Warenhandel im und über das Internet, zugrunde liegende Idee besteht darin, über die Tilgung unnötiger Reibungsverluste in der Konsumtions- und Distributionssphäre neue Impulse für die darbende Nachfrage zu kreieren. Individualisierte Werbung, die auf der Anwendung der Datenschätze der Internetgiganten basiert, soll beispielsweise ein zielgenaues Adressieren von Kunden gewährleisten, Shopping-

101 Ein Sachverhalt, der üblicherweise mit dem Lable »Just-in-time-Produktion« versehen wird.

Apps den allzeitlichen Zugang des Kunden zum Warenmarkt sicherstellen. Die große Hoffnung, die mit solchen Anwendungen verbunden wird, besteht darin, dass diese Instrumente Konsum erzeugen, wo er ohne sie ausgeblieben wäre. Das Paradebeispiel für Lean-Consumption-Systeme ist das Unternehmen Amazon, der unbestrittene Herrscher des E-Commerce.

Die Optimierung des Konsums als Geschäftsmodell

Amazon ist zuallererst als Konkurrent des stationären Einzelhandels zu verstehen. Bis vor Kurzem mussten Konsumenten häufig lange Wege in Innenstädte oder Shoppingmalls auf sich nehmen, um vor Ort auf die oft strapaziöse Suche nach Produkten zu gehen, die zudem dezentral auf unterschiedliche Läden verteilt waren. Amazon begreift sowohl die Dezentralität des Warenangebots als auch die dadurch erzeugten Zeitverluste der Verbraucher als Reibungsverluste, die effizientem Konsum abträglich sind. Folgerichtig setzt das Unternehmen zum einen auf die Zentralisierung des Warenangebots: Statt unterschiedliche Läden zu durchwühlen, genügt ein Blick in den Onlineshop, um aus einem schier unbegrenzten Warenangebot auswählen zu können. In den strategisch über die Versandgebiete verteilten Warenlagern des Onlinehändlers sind zudem die meisten angebotenen Waren vorrätig, was es zum anderen ermöglicht, Produkte besonders schnell auf den Weg zu den wartenden Konsumenten zu befördern. Die Zeitverluste, die ein Konsument erleidet, wenn er sich auf den Weg in ein Geschäft macht, sollen nach Möglichkeit nicht durch jene Wartezeiten übertroffen werden, die sich durch die Zustellung der im Internet erworbenen Waren ergeben. So kann der E-Commerce mit dem zentralisierten Warenangebot punkten und dem stationären Einzelhandel zugleich den Vorteil der unmittelbaren Verfügbarkeit der Waren streitig machen.

Je effizienter die Warendistribution organisiert wird, desto höher ist sogar die Wahrscheinlichkeit von Zeitgewinnen durch die universelle Verfügbarkeit von Produkten auf Internetplattformen. Je weniger Geschäfte ein Kunde aufzusuchen hat, um seine Bedürfnisse zu stillen, desto eher werden bei ihm schließlich Zeitressourcen frei, die er sogleich auf den Seiten der Internethändler für weitere Einkäufe aufwenden kann. Die technischen Systeme des E-Commerce zielen daher nicht ausschließlich auf die komparativen Vorteile gegenüber dem Einzelhandel. Sie sollen auch eine Intensivierung des Konsums ermöglichen. Vorteilhaft hierfür ist eine immer weiter fortschreitende Rationalisierung der Distribution. Dies findet nicht nur Niederschlag in der Rationalisierung der Lagerlogistik, über die später noch zu sprechen sein wird, sondern vor allem im Versuch, die Zustellzeiten sukzessive zu reduzieren. So bietet Amazon auch in Deutschland schon seit geraumer Zeit den Dienst AmazonPrime an, der die Lieferung von Artikeln am Tag nach der Bestellung verspricht, unter der Bedingung, dass diese bis zu einer bestimmter Uhrzeit erfolgte.[102] Amazon hat sich bekanntlich zudem eine eigene Lieferdrohne patentieren lassen, die theoretisch unmittelbar vom Warenlager starten

102 Auch strukturähnliche Unternehmen wie Zalando setzen systematisch auf die Beschleunigung der Warendistribution. So bietet der Modehändler beispielsweise in Berlin eine Funktion an, die die Lieferung am Tag der Bestellung ermöglicht.

kann. Amazons Gründer und CEO Jeff Bezos ist von der Idee der Lieferung ohne Reibungsverluste derart besessen, dass er zeitweise sogar erwog, in New York Studenten dafür zu bezahlen, Produkte in ihren Privatwohnungen zu lagern und gegebenenfalls per Fuß zuzustellen, sodass Kunden ihre Artikel bereits wenige Minuten nach ihrer Bestellung erhalten sollten.[103]

Amazon setzt noch auf zahlreiche andere Rationalisierungsprozesse, die im folgenden Kapitel ausführlich zur Sprache kommen werden. Für den Moment soll es allerdings genügen, die Optimierung des Angebotskatalogs sowie die Gestaltung der Schnittstelle zwischen Kunden und Unternehmen und das damit verbundene Kalkül sowie dessen Effekte genauer zu betrachten. Ein erster Punkt betrifft dabei die Frage der Erzeugung supplementären Konsums durch digitale Plattformen. So ist es doch zumindest fraglich, ob die fortschreitende Zentralisierung der Lagerung und die immer kürzer werdenden Fristen zwischen Kauf und Lieferung tatsächlich einen bedeutenden Beitrag zur Intensivierung des Konsums und damit zur Lösung des Konsumtionsproblems zu leisten vermögen. Betrachtet man die Situation der Distribution isoliert, so besteht der ökonomische Gewinn einer Lieferung, die 24 Stunden schneller erfolgt als bisher, lediglich darin, dass das nächste Produkt ebenfalls 24 Stunden früher erworben wird. Kauft ein Kunde beispielsweise einen Turnschuh, der 100 Tage hält, und wird dieser Turnschuh innerhalb von 24 statt innerhalb von 48 Stunden geliefert, bedeutet dies, dass der nach 100 Tagen anfallende Ersatz für das Schuhwerk bereits in 99 Tagen bestellt

103 Stone, Der Allesverkäufer.

wird. Das Unternehmen realisiert daher einen spezifischen Gewinn einen Tag früher, was bedeutet, dass durch die Rationalisierung der Distribution eine gewisse Beschleunigung der Gewinnerwirtschaftung erzielt wird.

Da man hierin kaum einen neuen Motor starken ökonomischen Wachstums ausmachen kann, rückt wiederum die Konkurrenz der Plattformen zum stationären Einzelhandel in den Blick. Ermöglicht das Aufstocken des Angebots und die Beschleunigung der Distribution allerdings lediglich das »Abgraben« der Kunden des Einzelhandels, so verliert das System des effizienten Konsums doch stark an Strahlkraft: Kreieren die bisher benannten Strategien der Versandhändler also keine neue Nachfrage, bedeutet dies, dass sie mit dem stationären Einzelhandel um dasselbe Konsumvolumen konkurrieren, das auch ohne den E-Commerce realisiert worden wäre. Das grundsätzliche Konsumtionsproblem bleibt daher aus dieser relationalen Perspektive auf die unterschiedlichen Bereiche des Handels von den benannten Entwicklungen weitgehend unberührt.

Der Siegeszug der Selbstbedienung und der Aufstieg des Prosumenten

Auch eine selbstreferenzielle Betrachtung von Rationalisierungsprozessen in der Konsumtionssphäre lässt deren Möglichkeiten, das Konsumtionsproblem zu entschärfen, zweifelhaft erscheinen. So ist die Digitalisierung der Konsumtion nicht nur mit Zeitersparnissen für die prospektiven Kunden verbunden, die beispielsweise in einer Zalando-App auf ihrem Smartphone noch in der U-Bahn oder im Bus shoppen können. Gleichzeitig sind die soziotechnischen Konsumsysteme auch wahre Zeitkiller, die von den Verbrauchern zeitintensive Beteiligung verlangen. Die vermeintlichen Effizienzgewinne, die Kunden erzielen, wenn sie im Internet statt in den Innenstädten kaufen, werden durch einen Trend zu *digitaler Selbstbedienung* zumindest partiell konterkariert.

Der Rationalisierungspfad der Selbstbedienung hat im Dienstleistungssektor seinen Ursprung und ist von den Konstrukteuren der Arbeitsorganisation als Antwort auf ein spezifisches »Problem« tertiärer Arbeitsmärkte entwickelt worden: Während in der modernen Industriearbeit seit ihrer Entstehung Technik zur Steigerung von Effizienz und Produktivität eingesetzt wird, ist dieser Weg vielen Dienstleistungen verstellt. Dem Theorem der relativen Rationalisierungsresistenz zufolge sind solche Dienstleistungen, die besonderes Wissen bei den Beschäftigten zur Voraussetzung haben (beispielsweise die Tätigkeiten von Ärzten oder Anwälten) oder in direkter Interaktion mit Kunden erbracht werden (etwa die Tätigkeit von Friseuren oder Pflegekräften), kaum technisch abbildbar und daher vor Automatisierung geschützt.

Die Idee, Dienstleistungen seien technikavers, geht zurück auf den französischen Ökonomen Jean Fourastié, der in seiner klassischen Studie *Die große Hoffnung des 20. Jahrhundert* den Aufstieg des Dienstleistungssektors vorhersagte. Schon 1949 prognostizierte Fourastié, dass im industriellen Sektor hoch entwickelter Ökonomien immer weniger Arbeitskraft benötigt werden würde. Industriearbeit sollte im Laufe des 20. Jahrhunderts die gleiche Entwicklung nehmen wie der Agrarsektor in den vorangegangenen Jahrhunderten. Die Schwerpunkte der Beschäftigung sollten sich in den tertiären Sektor verschieben. Wie der Titel seines Buches bereits vermuten lässt, begrüßte Fourastié diese Entwicklung eindringlich. Die technische Regulierung der Industriearbeit, die er plastisch vor Augen hatte, habe zwar zu erheblichem Produktivitätswachstum geführt, damit aber auch zyklische Überproduktionskrisen heraufbeschworen, die immer dann eingetreten seien, wenn die Nachfrage nicht mit der Produktivitätsentwicklung schritthalten konnte.[104] In der Strukturdominanz von Dienstleistungen in post-industriellen Arbeitsgesellschaften erblickte Fourastié daher die Möglichkeit eines heilsamen Stillstands. Ohne technische Rationalisierung werde es im strukturdominanten Dienstleistungssektor kaum Produktivitätssteigerungen geben. Ohne Produktivitätssteigerungen seien auch keine Überproduktionskrisen mehr zu erwarten und eine Situation heilsamen Stillstandes werde eintreten.

Die Praktiker des Dienstleistungskapitalismus ließen sich freilich von großgeistigen Prognosen in ihren Rationalisierungsbestrebungen nicht abschrecken. Zwar spielte Technik lange Zeit in den meisten Dienstleistungsberufen tatsächlich eine untergeordnete Rolle.[105] Dies war jedoch nicht gleichzusetzen mit der Abwesenheit von Rationalisierungskonzepten. Das seit Mitte des 20. Jahrhunderts nachhaltigste Rationalisierungsprogramm, das vor allem

104 Beim Marx'schen Begriff der »Überproduktionskrise« handelt es sich um die Beschreibung frühindustrieller Konsumtionskrisen, die aus den widersprüchlichen Zielen des Kapitalismus erwachsen, der die Gewinne steigern will und dabei die Produktivität erhöht, während zeitgleich die Löhne und damit die Nachfrage sinken.

105 Ausnahmen, wie beispielsweise die Implementation von EDV-Systemen in der Büroarbeit, sind schon vielfach erwähnt worden, bestätigen als signifikante Ausnahme allerdings nur den Trend, der lange Zeit galt.

in konsumnahen Dienstleistungen griff und heute eine digitale Expansion erlebt, betrifft den Ausbau der Selbstbedienung. Der erste Selbstbedienungsladen entstand bereits 1916 in den USA. In der Bundesrepublik verbreitete sich das Konzept seit den 1960er Jahren, etwa in Form von Supermärkten und Selbstbedienungsgastronomie, rasant.[106] In den 1980er und 1990er Jahren wurden auch zunehmend technische Lösungen mit Selbstbedienungskonzepten verbunden. Kaffee und Essensautomaten gehörten nun vielerorts zum Bild.

Durch Digitalisierungsprozesse hat diese Dynamik einen weiteren Schub erhalten. Online-Banking, E-Commerce, die Selbstorganisation von Privat- und Berufsreisen, das Buchen von Bahn- und Flugtickets oder das automatisierte Einchecken am Flughafen – in all diesen Bereichen hat das Internet in Kombination mit komplexen Automaten Selbstbedienungsprozesse ermöglicht. Ihrer Operationslogik nach handelt es sich bei diesen Verfahren – wie schon bei technikfreien Selbstbedienungskonzepten – um die partielle Auslagerung von Tätigkeiten aus einem betrieblichen Kontext auf die Kunden. Jene Beratungstätigkeiten, die Schalterbeamte der Deutschen Bahn vor Jahren noch erfüllten, übernimmt nun der Kunde in Koproduktion mit einer intelligenten Buchungssoftware. Informationen, die vor Jahren noch ein Reisebüromitarbeiter zusammenstellte, sucht sich der »arbeitende Kunde«[107] eigenständig im Internet zusammen. Dabei setzen Unternehmen zunehmend auch auf die freiwillige »Mehrarbeit« von Kunden, etwa wenn sie

106 Voß/Kleemann, Arbeitende Kunden im Web 2.0, S. 143.
107 Voß/Rieder, Der arbeitende Kunde.

von Amazon darum gebeten werden, Kundenrezensionen zu von ihnen erworbenen Produkten zu verfassen und damit wiederum Beratungsaufgaben zu übernehmen, die andernfalls im stationären Einzelhandel von angestelltem Personal erbracht werden.[108]

Der arbeitende Kunde substituiert also zum einen tendenziell auch Tätigkeiten, die andernfalls in den Bereich bezahlter Beschäftigung fielen. Dort können in der Folge Personalkosten eingespart werden. Der Reduktion von Personalkosten entspricht aus makro-ökonomischer Perspektive ein Absinken der Lohnvolumen, was wiederum eine Verringerung von Kaufkraft und Nachfrage durch die Implementation digitaler Selbstbedienungssysteme impliziert. Zudem werden durch den Trend zum »Prosumer«[109], zumindest partiell, auch die Bestrebungen der Lean-Comsumption-Modelle, Konsum zeitlich immer effizienter zu gestalten und den Kunden so zu mehr Einkäufen in konstanten Zeiteinheiten zu bewegen, konterkariert. Denn den Zeitgewinnen der Lean-Consumption-Modelle stehen in digitalisierten Selbstbedie-

108 Mittlerweile ist es sogar möglich, dass die Interessenten eines Produktes Nachfragen zu diesem an andere Kunden schicken, die dieses Produkt bei Amazon bewertet haben. Der Kunde übernimmt in dieser »Consumer-Polis« immer mehr Beratungsaufgaben. In gewisser Weise erfahren die Aufgaben in diesem Prozess freilich auch einen Bedeutungswandel. Denn der Kunde als Berater ist, anders als der Arbeitnehmer in gleicher Rolle, nicht parteiisch und damit in der Theorie womöglich ein besserer Ratgeber.

109 Der Begriff »Prosumer« oder »Prosumenten« bündelt die üblicherweise getrennten Eigenschaften von Produzent und Konsument. Prosumer sind Kunden, die als Coproduzenten am Produktionsprozess der von ihnen konsumierten Produkte oder Dienstleistungen aktiv teilnehmen.

nungskonzepten die Zeitverluste gegenüber, die die aktive Mitarbeit der Verbraucher am Konsumtionsprozess erzeugt.

Individualisierte Produktion – individualisierte Werbung

Auch an der Schnittstelle zwischen Produktion und Konsumtion lässt sich der Versuch, durch digitale Vernetzung der Nachfrage einen Dynamisierungsschub zu verleihen, beobachten. Ein Faktor, der der Bearbeitung des Konsumtionsproblems des Gegenwartskapitalismus dienen könnte, betrifft beispielsweise das Internet als Ort zielgruppenspezifischer Werbung. Innerhalb der Industrie gelten Prozesse der *Individualisierung der Produktion,* wie bereits erwähnt, als entscheidende Vehikel zum Erschließen neuer Absatzmöglichkeiten für die hergestellten Güter. Wer beispielsweise bereits mehr als genug Turnschuhe im Schrank hat, der kann, so die Hoffnung der Produzenten, vielleicht durch die Möglichkeit, ein zusätzliches Paar in Teilen selbst zu gestalten, zu einem Kaufakt veranlasst werden, der andernfalls ausgeblieben wäre.

Das Angebot immer speziellerer Produkte mit immer weniger Gebrauchswert verlangt allerdings systematisch nach dem Auffinden immer spezifischerer Konsumentengruppen, die man für die Konsumtion von Lebensstilartikeln gewinnen kann. Das Internet bietet die perfekte Plattform für die individuelle Adressierung solcher Kundensegmente. Denn in den soziotechnischen Ökosystemen der Digitalisierungsgiganten werden über lange Zeitabschnitte Unmengen an Daten von potenziellen Kunden generiert, die über statistische Korrelationen typische Vorlieben, Konsummuster und damit Absatzchancen darstellbar machen. Sie ermöglichen auf diesem Weg die Identifikation spezifischer Kundenpotenziale und deren gezielte Ansprache. Ein bekanntes Beispiel eines solchen Mechanismus bildet die Funktion »Kunden, die diesen Artikel gekauft haben, kauften auch«, die einem Kunden des Online-Händlers Amazon Produkte zum Kauf vorschlägt, die gemäß seinem Kundenprofil statistisch bei ihm Anklang finden sollten.[110]

Die Individualisierung der Konsumtion ist die systematische Voraussetzung, um die erhofften Gewinne der Individualisierung der Produktion realisieren zu können. Individualisierter Werbung kommt daher eine Schlüsselrolle für die erhofften Wachstumsimpulse im digitalen Kapitalismus zu. Ob sie das Versprechen, Kundenbedürfnisse präzise erkennen beziehungsweise wecken zu können, auch einlösen kann, ist dabei keineswegs ausgemacht. Soziologische Theorien des Konsums sehen in der Kraft, Unterscheidungen zu produzieren, den eigentlichen sozialen Sinn eines großen Teils des Gütererwerbs. Beim Kauf geht es in Gesellschaften materiellen Überflusses selten nur um den Gebrauchswert von Produkten, sondern meist auch um deren Distinktionspotenzial, das heißt, um die Möglichkeit, sich durch den Besitz knapper

110 Der Markt für individualisierte Werbung ist lukrativ und umkämpft. Sozio-technische Ökosysteme sollen Kunden daher nicht nur an die Anbieter der Hard- und Software des jeweiligen Systems binden und damit für Apple beispielsweise sicherstellen, dass, wer einmal das firmeneigene iPhone erwarb, auch sein nächstes Gerät von Apple kauft. Vielmehr versprechen Kundendaten spezifische Geschäftsmodelle jenseits des Verkaufs eigener Produkte. So mag es beispielsweise naheliegen, Google vornehmlich als Technologiekonzern zu begreifen. Nach wie vor stammen allerdings 95 % der Einnahmen des Unternehmens aus Werbung (Thiel, Zero to One, S. 31).

oder sozial spezifisch konnotierter Produkte symbolisch von anderen abzusetzen.[111] Aus ökonomischer Sicht hat dies den Vorteil, dass Konsumbedürfnisse tendenziell unerschöpflich und gebrauchswertunabhängig sind. Georg Simmel hat dies eindrücklich anhand des Phänomens der Mode beschrieben,[112] die er als Effekt von Nachahmung und Distinktion versteht. Demnach haben sich Moden mit dem Entstehen der bürgerlichen Gesellschaft erheblich dynamisiert, weil aufsteigende soziale Gruppen den Stil der herrschenden Aristokratie nachgeahmt hätten, was diese zu immer neuen stilistischen Innovationen inspiriert habe, die die Emporkömmlinge symbolisch auf Abstand halten sollten. Da Distinktion sofort wieder Nachahmung erzeuge, hätten sich die Modezyklen systematisch beschleunigt und seien auch mit dem Verschwinden ihrer ursprünglichen Bedingungen – einer durch aufsteigende bürgerliche Klassen dynamisierten Feudalgesellschaft – als Institutionen weiter aktiv geblieben.[113]

Mit der Individualisierung von Produktion und Werbung zielen die Unternehmen auf das Erschließen des potenziell grenzenlosen Reservoirs an Nachfrage, das durch am Gebrauchswert orientierte Massenprodukte nicht zu erreichen ist. Ob freilich die Individualisierung der Massenproduktion hierfür das geeignete Instrumentarium bietet, ist völlig unklar. Ein Sportartikelhersteller, der die Möglichkeit bietet, standardisierte Turnschuhmodelle

111 Vgl. Veblen, Theorie der feinen Leute; Bourdieu, Die feinen Unterschiede.

112 Vgl. Simmel, Philosophie der Mode.

113 Vgl. hierzu Mayntz/Nedelmann, Eigendynamische soziale Prozesse.

auf einer eigenen Internetplattform in formal vorgegebenen Farbkombinationen in Teilen eigenständig zu designen, hat beispielsweise nach wie vor hauptsächlich standardisierte und nur in kleinen Teilen individualisierte Produkte im Angebot. Gleiches gilt für die Automobilproduktion, wo Unmengen an Auswahlmöglichkeiten bestehen. Ob freilich der Unterschied zwischen einem VW-Golf mit silberner, schwarzer oder kanariengelber Fensterumrahmung das Potenzial birgt, ganz neue Kundensegmente, die sich andernfalls gar nicht erst für den Kauf eines neuen Automobils entschieden hätten, zum Erwerb eines solchen Fahrzeugs zu bewegen, erscheint fraglich. Genau dies müsste allerdings der Fall sein, sollte die Verknüpfung von individualisierter Produktion und individualisierter Konsumtion über Werbung tatsächlich einen entscheidenden Beitrag zur Lösung des Konsumtionsproblems leisten. Nur wenn Individualisierungstechniken Konsum dort erzeugen könnten, wo er ohne sie nicht stattgefunden hätte, wird als Effekt ihrer Implementation mehr konsumiert, als dies ohnehin der Fall gewesen wäre.

Auch ob sich Produkte mit hohem Individualisierungsanteil langfristig teurer verkaufen lassen als standardisierte Massenware, was ein zweiter Weg zur Erzielung zusätzlicher Gewinne sein könnte, ist im Zeichen bestehender Marktkonkurrenz unklar. Denn Individualisierungsprozesse versprechen immer nur kurzfristige Innovationsvorteile gegenüber Wettbewerbern, die sich schnell verbrauchen, wenn die Konkurrenz ihre eigenen Produktionsprozesse nachrüstet. Wettbewerb erzeugt dann wiederum Druck auf Preise, was große Teuerungsraten und damit hohe Gewinnmargen unwahrscheinlich macht. Sowohl am Erfolg der Erzeugung von Kundenbedürfnissen aus dem Nichts als auch an den Chancen, Produkte langfristig mit höheren Gewinnanteilen zu veräußern, sind also berechtigte Zweifel angebracht. Gerade diese Bedingungen müssten allerdings erfüllt sein, sollte die digitale Individualisierung von Produktion und Konsumtion neue Wachstumsimpulse erschließen.

Folgeeffekte digitaler Rationalisierung

Für den digitalen Kapitalismus ist das Programm der Rationalisierung der Konsumtionssphäre von entscheidender Bedeutung. Im industriellen Sektor dienen digitale Technologien vornehmlich inkrementellen Veränderungen im Rahmen der Fortführung seit Jahrzehnten etablierter Rationalisierungspfade. Im Konsumtionsbereich finden dagegen Prozesse statt, die zwar ebenfalls an ältere Rationalisierungspfade anschließen, in der Intensität und Eingriffstiefe technischer Innovationen allerdings für eine neue Qualität kapitalistischen Wirtschaftens sprechen. Mehr noch: Mit der Rationalisierung der Konsumtionssphäre setzen Leitunternehmen des digitalen Kapitalismus wie Google oder Amazon an einem neuralgischen Punkt der gegenwärtigen Wirtschaftsordnung an, indem sie sich direkt der Verbraucherseite zuwenden und damit die Bearbeitung des Konsumtionsproblems dort anstreben, wo bisher kaum Rationalisierungserfolge erzielt werden konnten. Im Zeichen der Widersprüchlichkeit der vorherrschenden Rationalisierungsstrategien sowie aufgrund des erwartbaren Ausbleibens einer massiven Dividende der Individualisierung von Produktion und Konsumtion bleibt allerdings fraglich, ob das dem digitalen Kapitalismus implizite Programm zur Bearbeitung des Konsumtionsproblems erfolgreich sein wird. Dies gilt umso mehr, da Hinweise existieren, dass Digitalisierungsprozesse vielerorts zu einer Abwertung beziehungsweise Substitution menschlicher Arbeit beitragen, die ein immenses Risiko für die Entwicklung von Nachfrage und Massenkonsum darstellen.

Man sollte weder die Wirkmächtigkeit disruptiver Innovationen noch die Ambivalenz ihrer Effekte unterschätzen. Ein gern zitiertes Beispiel für die Durchschlagskraft digitaler Technologien betrifft das Aufkommen digitaler Fotografie. Noch nie wurden wohl so günstig so viele Fotos gemacht und geteilt wie in der Gegenwart. Allein im Jahr 2014 wurden 1800 Milliarden Fotos ins Internet auf Seiten wie Facebook oder Instagram hochgeladen. Diesem Wachstum steht allerdings an anderer Stelle eine deutliche Schrumpfung gegenüber. Der langzeitige Weltmarktführer der filmproduzierenden Industrie, Kodak, hatte zu seinen Hochzeiten knapp 140 000 Mitarbeiter und war 28 Milliarden Dollar wert. Kodak verpasste allerdings die Umstellung des eigenen Produktportfolios auf die in den Nullerjahren boomende Digitalfotografie – eine Technik, die das Unternehmen paradoxerweise mit einem Prototypen im Jahre 1975 selbst entwickelt hatte. Der Niedergang der Firma ist in der Wirtschaftsgeschichte legendär. Ende 2014 hatte Kodak noch 7300 Beschäftigte und war aus dem Fotogeschäft weitgehend ausgestiegen. Facebook und Instagram sind die digitalen Nachfolger von Kodak. Statt Bilder auf Film zu bannen und anschließend auf Fotopapier zu drucken, um sie sich seinen Freunden zeigen zu können, lädt man sie heute über diese Seiten ins Internet, um sie Bekannten und Fremden zugänglich zu machen. Als Facebook Instagram im Jahr 2012 für 1 Milliarde US-Dollar kaufte, hatte die Firma 12 Beschäftigte. Facebook selbst beschäftigte weltweit im Jahr 2014 knapp 9200 Mitarbeiter, also unwesentlich mehr als der gefallene Riese Kodak. Dieses Beispiel verdeutlicht exemplarisch, welch enorme Risiken mit Digitalisierungsprozessen verbunden sind: Beschäftigungsverluste sind dabei nicht nur ein Problem für die Betroffenen oder nationale Sozialsysteme. Sie sind in aller Regel gleichbedeutend mit Verlusten von Kaufkraft und verschärfen folglich das Konsumtionsproblem des digitalen Kapitalismus. Kodak ist dabei nur ein Beispiel für Entwicklungen, die in zahlreichen beschäftigungsintensiven Branchen reale Bedrohungen darstellen und denen ich mich im folgenden Kapitel eingehend widme.

V Digitalisierung und soziale Ungleichheit

Die Digitalisierung wirtschaftlicher Prozesse in der Gegenwart hat Effekte auf ganz unterschiedlichen Ebenen. Im digitalen Kapitalismus wird versucht, dem Konsumtionsproblem vor allem mittels einer immer engeren Kopplung des Kunden an die Produktionsprozesse und der Steuerung seiner »Konsumtionspfade« durch die sozio-technischen Ökosysteme beizukommen. Dabei besteht die Gefahr, dass die erwünschten Effizienzsteigerungen in der Produktions- und Konsumtionssphäre andernorts ungewünschte Effekte zeitigen. Technisierungswellen der Vergangenheit nicht unähnlich, führen auch die Digitalisierungsprozesse der Gegenwart vielerorts zu einer Abwertung menschlicher Arbeit. Zudem bergen »smarte« Maschinen sowohl im industriellen wie auch im Dienstleistungssektor das Risiko, zahlreiche Arbeitsplätze in naher Zukunft überflüssig zu machen. Die Verschärfung sozialer Ungleichheit, die durch Abwertungs- und Automatisierungsprozesse am Horizont der gesellschaftlichen Entwicklung in der digitalen Ökonomie aufscheint, impliziert in den betroffenen Bereichen stagnierende oder gar sinkende Löhne und damit Kaufkraftverluste. Es gibt also Hinweise darauf, dass die Programme zur Rationalisierung des Konsums nicht nur an der Lösung des Konsumtionsproblems scheitern könnten. Vielmehr scheinen gerade jene Maßnahmen, die zur Lösung der Konsumtionsproblematik des Gegenwartskapitalismus in Anschlag gebracht werden, eine weitere Verschärfung der Nachfragesituation auf den Verbrauchermärkten bedingen zu können.

Technik und Arbeit

Die Ängste vor den gesellschaftlichen Folgen von Automatisierungsprozessen in Form von Arbeitslosigkeit, steigender Ungleichheit und sozialer Exklusion sind so alt wie der Einsatz von Automationstechnik in der Arbeitswelt selbst. Zwar waren diese Befürchtungen historisch nicht immer begründet. Dennoch ist »technologische Arbeitslosigkeit«, wie John Maynard Keynes die Freisetzung menschlicher Arbeitskraft durch Technik nannte, ein durchaus mögliches Szenario der Implementation neuer Techniken in Prozessen der Arbeitsteilung.

Gleiches gilt für das zweite klassische Sujet des Technikeinsatzes im Arbeitsprozess, für die Durchsetzung betrieblicher Herrschaft und die damit potenziell implizierten Abwertungsprozesse von Arbeit. Technik wird auch heute nicht nur zur Substitution menschlicher Arbeitskraft, sondern auch zur Bearbeitung des sogenannten Transformationsproblems[114] genutzt, das heißt sie dient der Sicherstellung der Realisierung von potenzieller Arbeitsleistung, die der Unternehmer über den Arbeitsvertrag erwirbt: Weil zwischen dem Abschluss eines Arbeitsvertrages und der Leistungserbringung durch den Beschäftigten eine zeitliche Lücke klafft und nicht alle Leistungen im Arbeitsvertrag spezifiziert werden können, hat der Arbeitnehmer grundsätzlich die Möglichkeit, Leistungen zurückzuhalten, die der Unternehmer freilich im Arbeitsprozess veräußert wissen möchte. Kontrolle im Arbeitsprozess dient der Lösung dieses Problems.

114 Vgl. Braverman, Labor and Monopoly Capital.

Im Taylorismus, der das dem Fordismus zugrunde liegende Steuerungsprinzip industrieller Arbeitsprozesse bildete, dominierten technische Herrschaftsmodelle, die eine besonders effiziente Bearbeitung des Transformationsproblems ermöglichten: Am Fließband, das das technische Sinnbild des Taylorismus darstellt, gab es für den einzelnen Arbeiter keine Möglichkeit des Ausscherens. Jeder Arbeitsschritt war genau vorgegeben, es dominierten einfache kleinteilige Tätigkeiten, und das Fließband regelte die Arbeitsgeschwindigkeit. Im Vergleich zu handwerklichen Arbeitsformen verlor der Arbeiter des Taylorismus den Großteil seiner Autonomie im Arbeitsprozess.[115] So wurde Technik etwa im Rahmen tayloristischer Produktionsmethoden als Totengräber der Autonomie der Beschäftigten und Triebkraft der Dequalifizierung, also Abwertung von Arbeit gedeutet.

Der Blick in die Geschichte der Industriearbeit verdeutlicht allerdings ebenfalls, dass sowohl die Abwertung als auch die Freisetzung von menschlicher Arbeitskraft als Effekt von Technisierungsprozessen keineswegs ein zwangsläufiger Prozess ist. In den hoch entwickelten Industriegesellschaften der Nachkriegszeit hat sich vielmehr ein allgemeines Upgrading der Qualifikationsstruktur ereignet.[116] Diese Aufwertung von Arbeit lässt

115 Zahlreiche Studien zu betrieblicher Herrschaft in tayloristischen und semi-tayloristischen Arbeitsprozessen haben freilich nachgewiesen, dass die Arbeiter durchaus kreative Methoden entwickelten, sich dem Zugriff betrieblicher Kontrolle zumindest partiell auch innerhalb hochgradig regulierter Arbeitsprozesse zu entziehen (vgl. exemplarisch Edwards, Herrschaft im modernen Produktionsprozess).

116 Oesch/Rodríguez Menés, Upgrading or Polarization?

sich zwar nur zum Teil aus technikimmanenten Dynamiken erklären. So wurde beispielsweise schlicht als Effekt der Installation komplexerer Maschinen vielfach der Einsatz geschulteren Personals notwendig. Doch lässt das Upgrading der Qualifikationsstruktur die negativen Effekte für Tätigkeiten und Beschäftigungsvolumen in einem größeren Kontext durchaus als Geburtswehen eines Modernisierungsprozesses erscheinen, der vielen Beschäftigten nicht schadete, sondern nutzte.

Technik und soziale Polarisierung

Das tayloristische Fabrikregime war von einem bis heute nicht wieder erreichten Ausmaß technischer Regulierung menschlicher Arbeitskraft gekennzeichnet. Die seinerzeit neue Form der Arbeitsorganisation ermöglichte ein bisher historisch einmaliges Anwachsen der Effizienz der Produktionsapparate und der Produktionskapazitäten. Dies erzeugte zum einen eine lange Zeit steigende Nachfrage nach menschlicher Arbeitskraft, die immer mehr Beschäftigte in die Industrie zog. Zum anderen konnten diese Arbeiter, nicht zuletzt auf der Basis erfolgreicher Selbstorganisation, für lange Zeit hohe Anteile an den Rationalisierungsdividenden in Form von Lohnsteigerungen geltend machen. Die damit entstandene Kaufkraft in weiten Teilen der Bevölkerung ermöglichte den der Massenproduktion komplementären Massenkonsum, der für den Fordismus typisch war. In der Industriegesellschaft kam es gewissermaßen zu einem Tauschgeschäft, in dessen Verlauf, die industrielle Arbeiterschaft rigide Herrschaftsmodelle im betrieblichen Alltag um den Preis hoher Beschäftigungsraten und steigender Konsumkraft in Kauf nahm.

Mit dem Fortschreiten von Mechanisierungsprozessen in den Kernbereichen der Industrieproduktion gerieten allerdings gerade einfache Tätigkeiten, die zuvor stark expandiert waren, zunehmend unter Automatisierungsdruck. In den Deutungen zur Entwicklung der Industriearbeit aus den 1970er Jahren scheint in der Bundesrepublik noch das historische Erbe des Taylorismus durch: Technische Rationalisierungsprozesse hatten einfache Tätigkeiten sukzessive entwertet, ihr Verschwinden bildete aber noch nicht den Kern des Erwartungshorizontes der empirischen Arbeitsforschung. Vielmehr wurde eine partielle Aufwertung der Industriearbeit, etwa in der qualifizierten Facharbeit und in den Forschungs- und Entwicklungsabteilungen, offenbar. Die widersprüchliche Bewegung des Abstiegs einiger und der Aufwertung anderer Tätigkeitssegmente wurde in der These der Polarisierung der Qualifikationen innerhalb des industriellen Sektors zusammengefasst.[117] Massive Beschäftigungsverluste waren zu diesem Zeitpunkt noch nicht klar abzusehen.

Im Verlauf der 1980er Jahre verschwanden dann allerdings zahlreiche Einfacharbeitsplätze aus der Industrie. Da zugleich qualifizierte Tätigkeiten weiter aufgewertet wurden – Aufgaben wie die Überwachung, Wartung, Entstörung oder die Anlagen- und Maschinensteuerung, aber auch wissensintensive Tätigkeiten in Forschungs-, Entwicklungs- und Vertriebstätigkeiten –, entstand der Eindruck einer sukzessiven Aufwertung vieler Arbeitstypen. Die Kehrseite dieser Entwicklung lag in der Bundesrepublik freilich auch im Beitrag von Automationsprozessen

117 Kern/Schumann, Das Ende der Arbeitsteilung.

zu den seit den späten 1980er Jahren steigenden Arbeitslosenzahlen.[118]

Die Opfer der Automatisierungswellen der 1970er und 1980er Jahre fanden sich vielfach im Lager der Arbeitslosen und damit jenseits des Zugriffs betrieblicher Herrschaft wieder. In den oberen Segmenten der Qualifikationsstruktur spielte das Thema betrieblicher Herrschaft allerdings ebenfalls eine zunehmend geringere Rolle. Die Gewinner der technischen Reorganisation der industriellen Produktionsapparate erlebten im betrieblichen Kontext eine deutliche Reduzierung rigider Kontrollmethoden, da ihre Tätigkeiten, mit steigendem Komplexitätsgrad, auch immer mehr Autonomie erforderten, die ihnen vonseiten des Managements zugestanden werden musste.

Für den an Nachfragereduktion darbenden Kapitalismus dieser Zeit hatte diese Entwicklung ambivalente Folgen. Einerseits gingen ganze Beschäftigungssegmente, die bisher als solvente Kunden zu Verfügung gestanden hatten, verloren – selbst einfache Industrietätigkeiten hatten häufig Mittelschichtseinkommen gewährleistet. Zum anderen entstanden auch neue, kaufkräftige Nachfragesegmente im Bereich der sogenannten Dienstklassen[119] durch die Aufwertung der Qualifikationsprofile.

118 In der Debatte um die Entwicklung sozialer Ungleichheit als Effekt technischer Innovationen in der Arbeitswelt hat sich in der US-amerikanischen Forschung die Diagnose des *Skill Biased Technological Change* etabliert, der zufolge Technik massive Auswirkungen auf das Beschäftigungsvolumen hatte. Automatisierungsprozesse beträfen allerdings vornehmlich geringqualifizierte Tätigkeiten, während hochqualifizierte weitgehend verschont blieben.

119 Zum Begriff der »Dienstklassen« vgl. Erikson/Goldthorpe, Constant Flux.

Tertiarisierung als Rettung

Die meisten Länder der OECD-Welt hatten in unterschiedlicher Form mit den Beschäftigungsverlusten zu kämpfen, die sich aus den Automatisierungsprozessen innerhalb des industriellen Sektors ergaben. Nationale Arbeitsmärkte, die sich wie beispielsweise in den USA als besonders erfolgreich im Abfangen der Beschäftigungskrise erwiesen, waren durch eine rasche Tertiarisierung gekennzeichnet. Während am unteren Ende der Qualifikationsstruktur die Zunahme von Sorge- und Servicetätigkeiten neue Beschäftigungsmöglichkeiten für die Rationalisierungsopfer des industriellen Sektors bot, wuchsen zugleich jene Arbeitsmarktsegmente, in denen die hochqualifizierten Kader aus Verwaltung, Management, Bildung, Kultur oder technischer Optimierung hohe Dividenden für ihre tertiären Abschlüsse geltend machen konnten. Die Entwicklung hin zur Dienstleistungsgesellschaft versprach daher, zugleich das Problem der Unterbeschäftigung im Bereich geringqualifizierter Arbeit zu lösen als auch den Trend zur qualifikatorischen Aufwertung, der sich in der Industriearbeit bereits ereignete, in anderen Bereichen des Arbeitsmarktes zu forcieren. Der Dienstleistungssektor wurde auch in Staaten, denen die Umstellung von einem industriell dominierten zu einem stärker auf Dienstleistungen basierenden Arbeitsmarkt nicht so schnell gelang, wie beispielsweise der Bundesrepublik, spätestens im Verlauf der 1990er Jahre zur großen Hoffnung auf eine neue, postindustrielle Stabilität.

Gerade die bereits erwähnte relative Technisierungsresistenz zahlreicher Dienstleistungstätigkeiten spornte diese positiven Erwartungen an: Tatsächlich haben sich bis in die Gegenwart selbst verhältnismäßig einfache Dienstleistungen, wie Verkaufstätigkeiten im Einzelhandel, das Zustellgewerbe oder Gebäudeservices, aufgrund ihrer räumlichen Dezentralität, ihres interaktiven Charakters und den mit beidem verbundenen Flexibilitätsanforderungen als relativ technisierungsavers erwiesen.[120] Auch die Bearbeitung des Transformationsproblems durch betriebliche Herrschaft war im tertiären Sektor im Vergleich zu seinem industriellen Pendant stets »defizitär« und im Grunde nur über Motivationsanreize[121] oder personale Herrschaftsmodelle[122] halbwegs zu überbrücken. Flexibel-manuelle und flexibel-kognitive Tätigkeiten, wie sie Dienstleistungsarbeit maßgeblich prägen, blieben daher lange Zeit zum einen von durchgreifenden Automatisierungsprozessen weitgehend verschont. Zum anderen konnte auch eine durch technische Herrschaft induzierte Abwertung von Arbeit sich nie so radikal durchsetzen, wie es zeitweise im industriellen Sektor der Fall war.

Die Nachfragekrankheit der Dienstleistungen

Die Tertiarisierung der Arbeitsmärkte hatte gerade in jenen Arbeitsmarktsegmenten, die die Verlierer des Modernisierungsprozesses im industriellen Sektor aufnehmen sollten, also in den einfachen Dienstleistungen, allerdings auch eine Schattenseite. Denn Tätigkeiten in diesem Arbeitsmarktsegment werden im Schnitt deutlich niedriger entlohnt als einfache Industriearbeit. Dieser Umstand lässt sich nicht nur aus der vergleichsweise geringen In-

120 Staab, Macht und Herrschaft in der Servicewelt.

121 Vgl. hierzu die Debatte um die Subjektivierung von Arbeit. Exemplarisch: Kleemann/Voß, Arbeit und Subjekt.

122 Staab, Macht und Herrschaft in der Servicewelt.

tegration vieler einfacher Dienstleistungen in das Institutionensystem des Arbeitsmarktes erklären – für dieses Arbeitsmarktsegment sind etwa niedrige formale Qualifikationsstandards und geringe gewerkschaftliche Organisationsgrade prägend, dafür ist die indirekte Subventionierung durch den Wohlfahrtsstaat über Lohnaufstockung, die freilich nur ein gesellschaftlich definiertes Minimum an finanzieller Ausstattung gewährleistet, recht üblich.[123]

Die relative Benachteiligung tertiärer gegenüber sekundärer Einfacharbeit lässt sich vielmehr bis hin zum materialen Profil der vorherrschenden Tätigkeitstypen verfolgen. Die fehlende Möglichkeit technischer Rationalisierungsmaßnahmen ist nämlich auch für ein chronisch niedriges Produktivitätswachstum vieler Dienstleistungstätigkeiten verantwortlich.[124] William J. Baumol hat das geringe Produktivitätswachstum vieler tertiärer Tätigkeiten in seinem Theorem der *Kostenkrankheit* als systematischen Effekt der relativen Technisiserungsresistenz dieser Arbeitstypen bezeichnet. Demnach bestünden für viele Dienstleistungen nur zwei Entwicklungspfade: Entweder sie böten stabile Beschäftigung, weil die Preise für die jeweiligen Dienste niedrig blieben, was allerdings auch in niedrigen Lohnniveaus resultiere. Oder aber die Lohnentwicklung in der Servicewelt orientiere sich an ihrem industriellen Pendant. In diesem Fall müssten Lohnsteigerungen durch eine Anhebung der Preise für die erbrachten Leistungen ausgeglichen werden, was

123 Zur institutionellen Integration der einfachen Dienstleistungen vgl. ebd., S. 45ff.

124 Baumol, Macroeconomics of Unbalanced Growth; ders., The Cost Disease; Dauderstädt, Produktivität im Dienstleistungssektor.

viele Dienste so teuer machen würde, das sie wieder vom Markt verschwinden würden. In prototypischen Dienstleistungsgesellschaften hat man folglich die Wahl zwischen vergleichsweise niedrigen Löhnen oder hoher Arbeitslosigkeit. In Bezug auf das Konsumtionsproblem des Gegenwartskapitalismus ließe sich daher in Anschluss an Baumols Überlegungen von einer *Nachfragekrankheit* tertiarisierter Ökonomien sprechen: Wo keine Produktivitätsgewinne erwirtschaftet werden, sind auch Rationalisierungsdividenden, die sich in Lohnsteigerungen niederschlagen könnten, begrenzt. In der Folge hat sich in den meisten postindustriellen OECD-Gesellschaften ein Niedriglohnsektor etabliert, der von einfachen Dienstleistungstätigkeiten in Sorge, Säubern oder Service geprägt ist und von dem grundsätzlich deutlich geringere Nachfrageimpulse ausgehen als von Tätigkeitsbereichen mit progressiverer Lohnentwicklung.

Nichtsdestotrotz wurde im Zeichen der Beschäftigungskrise der 1990er Jahre der Weg zu einem stärker auf Dienstleistungen basierenden Arbeitsmarkt auch in der Bundesrepublik Anfang der 2000er Jahre zu einem aktiv politisch geförderten Programm. Die Restrukturierung des Wohlfahrtstaates im Zuge der Agenda 2010 beispielsweise diente auch der Förderung von Beschäftigung in den einfachen Dienstleistungen: Die Pflicht zur Annahme von Tätigkeiten unterhalb des Qualifikationsniveaus der jeweiligen Arbeitssuchenden etwa, der schnellere Übergang von Arbeitslosengeld zu Sozialhilfe (bzw. von Arbeitslosengeld 1 zu Arbeitslosengeld 2) sowie die Verringerung der monetären Transferhöhen im ALG 2 hatten auch das Ziel, niedrigbezahlte Dienstleistungstätigkeiten für Beschäftigungslose attraktiver zu machen. Keine dieser Maßnahmen diente zwar exklusiv diesem Zweck. Vielmehr waren sie zuerst eine politische Reaktion auf die Fiskalkrise der öffentlichen Hand als auch eine Bearbeitung demokratischer Legitimationsprobleme: Einerseits wurde das wachsende Lager der Arbeitslosen zur Belastung für die ohnehin unter hohem Schuldendruck stehende öffentliche Hand. Andererseits galt die Fähigkeit, ausreichend Beschäftigung für das Wahlvolk zu gewährleisten, als Nagelprobe für demokratische Regierungen. Doch sollten die Sozialkassen eben durch die Förderung von Beschäftigung entlastet werden und diese Beschäftigung sollte mangels Alternativen vor allem im Dienstleistungssektor entstehen. Dass in der Gegenwart gerade jenes Arbeitsmarktsegment, das die Rationalisierungsopfer des industriellen Sektors aufnehmen und damit den Sozialstaat entlasten sollte, auch den Löwenanteil von Beschäftigten aufweist, die auf Lohnaufstockungsmaßnahmen angewiesen sind und damit keineswegs den staatlichen Transferbezug verlassen haben, birgt eine gewisse Tragik.

Sowohl die Stabilität des Dienstleistungssektors als Ganzem als auch die vor allem in den einfachen Dienstleistungen niedrigen Lohniveaus sind der Effekt des Mangels technischer Rationalisierungs- und Automatisierungsmöglichkeiten in der Vergangenheit. Digitale Technologien sind allerdings auf bestem Wege, einerseits die Kontrolllücke zu schließen, die bisher für viele tertiäre Tätigkeiten prägend war, und damit auch in diesem Sektor bisher ungekannten Abwertungsdynamiken Tür und Tor zu öffnen, die sich auch in der Lohnentwicklung niederschlagen. Auf diesem Wege wird andererseits auch eine Intensivierung von Arbeitsprozessen möglich, die potenziell Produktivitätssteigerungen ermöglichen könnte. Zudem lassen neuere technische Entwicklungen perspektivisch auch Automatisierungsprozesse in Tätigkeitsbereichen als möglich erscheinen, die noch bis vor Kurzem als kaum technisch substituierbar galten. Damit implizierte Entwicklungspfade legen unterschiedliche Szenarien für die Bearbeitung des Konsumtionsproblems nahe.

Digitaler Taylorismus

Heute bewegen sich zahlreiche Beschäftigtengruppen in Arbeitswelten, in denen über die Tätigkeit an Smartphones und Tablets ungeheure Mengen arbeitsprozessrelevanter Daten bei den Arbeitgebern auflaufen. Präzise Bewegungsdaten, die genaue Erfassung von Zeiteinheiten oder die Vermessung der Nutzungsformen technischer Geräte bieten enormes Potenzial zur Kontrolle von Arbeit. Nicht zufällig ist daher das *Screening*, also die Evaluierung von Beschäftigten nach automatisierten Kriterienkatalogen und auf Basis großer Datensätze, ein Trend innerhalb der Arbeitswelt. Juristisch strittig ist derzeit, inwieweit Screeningmethoden konkret Persönlichkeitsrechte von Beschäftigten verletzen, die gemäß dem Bundesdatenschutzgesetz verbürgt sind, oder inwiefern diese zur Sicherung von Compliance, also etwa der Verhinderung von Korruption in Organisationen, zulässig sind. Sicher ist, dass Big-Data-Anwendungen das Potenzial bergen, technische Kontrollprozesse in Tätigkeitstypen einzuführen, die bisher kaum effektiv zu überwachen waren.

Als ein Vorreiter der digitalen Regulierung von Arbeit hat sich in den letzten Jahren wiederum die Firma Amazon mit zahlreichen technischen Innovationen hervorgetan. Gerade für die besonders beschäftigungsintensiven Tätigkeitsbereiche in den Zentrallagern des Versandhändlers[125] hat das Unternehmen ein umfassendes digitales Kontrollsystem etabliert. Das technische Vehikel der umfangreichen Prozessüberwachung im Hause Amazon bilden Handscanngeräte, die vor allem die Beschäftigten in den einfachen Tätigkeitsbereichen umfassend nutzen. Die Picker, jene Beschäftigte, die zu Fuß in den riesigen Lagerhallen die einzelnen Waren einsammeln und zu den Packstationen bringen, nutzen dieses Gerät beispielsweise für fast jeden Arbeitsschritt. Sie erfassen damit sämtliche Waren, was deren Standort zu jedem Zeitpunkt nachvollziehbar machen und damit dem Abhandenkommen von Produkten etwa durch Diebstähle durch das Personal vorbeugen soll. Darüber hinaus verfügen Amazons Handscanner über Kameras und aufnahmefähige Mikrofone und liefern detaillierte Bewegungsdaten der Beschäftigten, die etwa individualisierte Leistungsvergleiche ermöglichen und jede außerplanmäßige Verschnaufpause für das Management transparent machen. Zwar beharrt Amazon offiziell auf der Aussage, in Deutschland keine individualisierten Evaluierungen von Bewegungsdaten zu erstellen und auch die verbauten Kameras und Mikrofone nicht für Aufzeichnungen zu nutzen, da dies geltenden Datenschutzregeln widerspräche. Gewerkschafter, die mit der Betreuung von Amazon-Standorten in Deutsch-

125 In einer Schicht in einem Großlager wie jenem in Bad Hersfeld arbeiten ca. 5000 Beschäftigte, die große Mehrheit in unqualifizierten Tätigkeiten wie dem Einsammeln der Waren für den Versand (Picker), der Verpackung (Packer) oder der Ent- und Verladung der Waren.

land befasst sind, versichern andererseits, dass in Personalgesprächen geäußerte Kenntnisse über die individuellen Arbeitsabläufe nicht ohne die Nutzung solcher Daten zustandekommen könnten. Sie gehen vielmehr vom Einsatz eines automatisierten Bewertungsalgorithmus aus, der vor allem mit jenen Daten arbeite, die über die Handscanner gesammelt würden.

Jenseits dieser Intensivierung technischer Überwachung und Leistungsbeurteilung stehen Amazons mobile Produktionsmittel zudem noch für einen weiteren Faktor der technischen Determinierung menschlicher Arbeitskraft, der durch Digitalisierungsprozesse auf eine neue Stufe gehoben wird. Denn die Geräte weisen ihren Trägern jeden noch so kleinen Arbeitsschritt direkt zu und geben ihnen detailgenau den effizientesten Weg zwischen ihrem jeweiligen Standort und dem Regal oder der Packstation, die sie jeweils anzusteuern haben, vor. Aus kontrolltheoretischer Sicht und in Analogie zu industriellen Rationalisierungsprozessen handelt es sich bei den Handscannern daher nicht nur um Überwachungswerkzeuge für Tätigkeiten, die aufgrund ihrer räumlichen Dezentralität bisher kaum im Detail zu kontrollieren waren. Die Geräte sind eher mit mobilen Fließbändern zu vergleichen: Sie verbinden räumlich dezentral operierende Beschäftigte mit einem technischen System, das deren Tätigkeiten bis ins Detail reguliert und jede Autonomie aus dem Arbeitsprozess tilgt, ähnlich wie es das Fließband in der industriellen Massenproduktion mit stärker zentralisierten Aufgaben tut. In Verlängerung dieser Trends ermöglicht die Digitalisierung tertiärer Einfacharbeit daher eine zunehmende Industrialisierung bisher relativ technikaverser Tätigkeiten, die die Konturen eines *digitalen Tay-*

lorismus am Horizont aufscheinen lässt.[126] Distributive Tätigkeiten, wie jene der Zusteller in Post- und Paketdiensten, oder haushaltsnahe Dienste im Bereich des Facility Management oder der Hauslogistik könnten in naher Zukunft mit ähnlichen Kontroll- und Steuerungsprozessen konfrontiert sein wie die niedrigrangigen Tätigkeiten im Hause Amazon schon heute.

Beim Internetversandhändler wird zudem zweierlei offensichtlich: Die umfassende digitale Prozesssteuerung bedingt zum einen eine Intensivierung und Abwertung von Arbeit. Die Beschäftigten müssen beispielsweise über keine spezifischen Kenntnisse ihrer Arbeitsumgebung verfügen, sie müssen sich nicht merken, wo bestimmte Produkte zu finden sind, oder sich selbstständig orientieren. Mit der Aneignung dieses Arbeitswissens durch die vom Management kontrollierten technischen Systeme geht zum einen ein erhöhter Leistungsdruck einher, weil der Arbeitgeber nun jeden einzelnen Schritt kontrollieren, überwachen und im Vergleich zu anderen Beschäftigen oder formalen Arbeitsnormen bewerten kann. Zum anderen bleiben diese Maßnahmen nicht folgenlos für die soziale Lage der Beschäftigten, haben also Konsequenzen für die Entwicklung sozialer Ungleichheit. Die Abwertung von Tätigkeitsprofilen muss zwar nicht zwingend auch zu Lohneinbußen führen. Wenn allerdings, wie im Flaggschiff des digitalen Konsums und anderen Leitunternehmen der Digitalisierung,[127] innerbetriebliche

126 Zum Begriff des »digitalen Taylorismus« vgl. Nachtwey/Staab, Die Avantgarde des digitalen Kapitalismus, S. 7.

127 Nimmt man etwa Beispiele aus Deutschland, so wären u.a. SAP, der hierzulande größte Spieleentwickler Friendly Games und die Unternehmen der Rocket-Internet-Gruppe als Exempel für eine

Gegenmacht in Form von Betriebsräten oder Gewerkschaftsfunktionären keine durchdringende Rolle spielt, gibt es keinen Grund, die Abwertung der Arbeitsprofile nicht auch in Lohndruck umzusetzen. Dies geschieht mittels der Intensivierung der Arbeitsprozesse, die den Beschäftigten abverlangt, immer mehr Aufgaben in gleichbleibenden Zeitintervallen zu erledigen, und damit aus Sicht des Unternehmens aus jedem Euro Lohn mehr Arbeitskraft extrahiert, was die jeweiligen Arbeitspakete billiger macht. Es zeigt sich im Falle Amazons aber beispielsweise auch in dem Umstand, dass sich das Unternehmen seit Jahren weigert, die tarifvertraglichen Regeln des Einzelhandels zu akzeptieren, und stattdessen, die niedrigeren Lohntabellen der Logistikbranche nutzt. Geht man davon aus, dass Amazon als Konkurrent des stationären Einzelhandels operiert und damit, zugespitzt formuliert, Picker und Packer Tätigkeiten ausführen, die andernfalls von Fachkräften des Einzelhandels übernommen würden, so wird erkennbar, dass es sich bei den vergleichsweise niedrigeren Lohnniveaus der Beschäftigten des E-Commerce um Aspekte einer durch Digitalisierungsprozesse induzierten Verschärfung sozialer Ungleichheit handelt.

Peer-to-Peer-Herrschaft und die Entwertung des mittleren Managements

Amazon ist ebenfalls ein gutes Beispiel für den Umstand, dass Digitalisierungsprozesse, die der Intensivierung von Arbeit dienen, qualifizierte Tätigkeiten keineswegs unberührt lassen. Hochqualifizierte Tätigkeiten, wie jene von

recht explizit gewerkschafts- und betriebsratsfeindliche Politik zu nennen.

Softwareingenieuren oder im mittleren Management in Vertrieb, in Personalabteilungen oder Werbedepartments, gelten allgemein als weniger stark reguliert als Einfacharbeit. Einerseits erfordern derartige Tätigkeiten oft große Autonomiespielräume, bei denen rigide Kontrollmaßnahmen entweder nur schwer umzusetzen sind oder als kontraproduktiv gelten. Andererseits haben hochqualifizierte Beschäftigte häufiger Exit-Optionen in Form von Stellenwechseln, weil sie auf dem Arbeitsmarkt begehrter sind als geringqualifizierte Arbeitskräfte. In der Folge setzen Arbeitsgeber bisher eher auf Motivationsanreize, um die Beschäftigten zu konstant hohen Leistungen anzuregen, als auf rigide Herrschaftsausübung. Auch in diesem Bereich verändern allerdings schon heute Big-Data-Anwendungen und spezifische Softwaretools die Regeln des Spiels. Im Sommer 2015 sorgte ein Bericht der *New York Times* zum Umgang Amazons mit qualifizierten Büroarbeitskräften international für Aufsehen.[128] Den Autoren zufolge sind die Arbeitswelten von Entwicklern, Beschäftigten der Vertriebsabteilungen oder Analysten beim Internetriesen keineswegs frei von rigiden technisch vermittelten Herrschaftsmethoden. In den akademischen Tätigkeitsgebieten des Versandhändlers hält mit Big Data und kontrollrelevanten Softwareanwendungen individualisierte Evaluathorik neuer Qualität ebenso Einzug wie im Falle der Einfacharbeitsplätze. Kleinere Verfehlungen werden über die systematische Vernetzung aller Betriebseinheiten und intelligente Bewertungsalgorithmen immer leichter auffindbar. Ob eine Internetseite nicht schnell genug lädt oder ein spezifischer Verkaufsmanager

128 Kantor/Streitfeld, Inside Amazon.

nicht ausreichend Ware für die erwartete Nachfrage geordert hat, ist nun prinzipiell in Echtzeit und von jedem Ort aus einsehbar.[129] Gepaart mit einer Unternehmenskultur, die schon kleine Fehler nicht vergibt, wird die systematische Suche nach Mängeln und deren betriebsöffentliche Sanktionierung zum Disziplinierungsinstrument für die hochqualifizierten Beschäftigten. Sie verlieren außerdem systematisch Privilegien, die mittlere Managementpositionen üblicherweise auszeichnen. Denn das Nutzen der verfügbaren Daten ermöglicht die Aneignung von Herrschaftswissen durch die höheren Managementabteilungen, das ursprünglich exklusiv den jeweils operativ auf den unteren und mittleren Leitungspositionen zuständigen Managern zufällt. Zahlen lügen nicht, und Fehler, die in einer jährlichen Evaluierung noch auszugleichen oder zu verschleiern sind, werden von automatisch rund um die Uhr suchenden Algorithmen gnadenlos aufgedeckt. In Kombination mit einer Rekrutierungsphilosophie, die auf das periodische Aussieben der »Low-Performer« setzt, kommt den individualisierten Leistungsbewertungen zudem die Rolle zu, auf mittlere Sicht über Wohl und Wehe der einzelnen Mitarbeiter zu entscheiden.

Die damit forcierte Konkurrenzsituation unter den Beschäftigten wird außerdem durch spezifische Softwarelösungen systematisch verstärkt. Das bei Amazon zum Einsatz kommende *Anytime Feedback Tool* professionalisiert beispielsweise den Büroklatsch und stellt diesen explizit in den Dienst betrieblicher Kontrolle. Bei dem genannten Programm handelt es sich um eine Kommunikationsanwendung, mit der Beschäftigte dazu angehalten

129 Ebd.

werden, die Leistung von Kollegen zu beurteilen und dem Management zu melden. Während die über dieses Programm versandte Kritik häufig eins zu eins in Leistungsbeurteilungen auftaucht, bleiben die Denunzianten in der Regel anonym. Digitalisierungsprozesse verschärfen insofern nicht nur die über die Macht der Zahlen vermeintlich objektive Leistungskontrolle. Auch direkte, personengebundene Kontrollformen erleben im Bereich qualifizierter Angestelltenarbeit eine professionelle Formalisierung, in der Herrschaft horizontalisiert wird, ohne dass dabei der informelle Charakter verdeckter Denunziation verschwinden würde: ein System der anonymen Peer-to-Peer-Herrschaft[130]. Auch im Bereich hochqualifizierter Arbeit zeigt sich daher exemplarisch, wie digitale Herrschaftsmodelle der Verschärfung sozialer Ungleichheit zuspielen können. Denn zum einen bedingen auch hier verschärfte Kontrollmechanismen eine Intensivierung der Arbeit. Zum anderen verlieren die Tätigkeiten des mittleren Managements in diesem Prozess tendenziell die für sie klassischerweise typischen Autonomiespielräume. Damit wird diese Arbeit abgewertet, die mittleren Leitungsebenen werden von Entscheidern zu Befehlsempfängern, was Amazon die Legitimationsgrundlage dafür liefert, diesen Beschäftigten zahlreiche Benefits, die andernorts als üblich gelten, zu verwehren.[131]

130 Den Begriff »Peer-to-Peer-Herrschaft« verwende ich in Anlehnung an die für Prozesse der Querkommunikation im Internet typische Konstruktion von Interaktionen unter gleichwertigen Kommunikationsteilnehmern eines horizontalen Netzwerks, das Herrschaft zwischen den einzelnen Teilnehmern eigentlich ausschließt.

131 »Amazon allerdings erweckt nicht den Anschein, dass die Versorgung der Angestellten eine Priorität wäre. Vergütung wird nach

Algokratie und die Globalisierung der Konkurrenz

Während bei den gering- wie hochqualifizierten Tätigkeiten im Hause Amazon auf rigide Kontrollmethoden gesetzt wird, sind andernorts bereits Prozesse beobachtbar, die derart ausgefeilte Überwachungsmethoden schlicht überflüssig machen. Schon im bereits angesprochenen System der Handscanner bei Amazon zeigt sich, dass auch relativ flexible Arbeitsprozesse zu einem hohen Grad technisch steuerbar sind, wodurch Kontrolle tendenziell automatisiert wird. Aneesh Aneesh hat die Zuspitzung derartiger Steuerungsformen auf den Begriff der »Algokratie« gebracht und sieht sie allgemein auf dem Vormarsch.

den Wettbewerbsregeln gestaltet – erfolgreiche Beschäftigte im mittleren Management können Zuwendungen in Höhe eines zusätzlichen Gehalts aus einem Topf erlangen, dessen Bestand seit 2008 verzehnfacht wurde. Gleichzeitig werden Arbeiter, von der Büroausstattung über die Handys bis zu den Reisekosten, für die sie häufig selbst aufkommen, zur ›Sparsamkeit‹ (Nr. 9) angehalten. (Es gibt auch kein Gratisbuffet oder sonstige Snacks.) Im Fokus steht alleine das pausenlose Streben, die Kunden zufriedenzustellen, oder die ›Kundenobsession‹ (Nr. 1), die dazu führt, dass die blitzschnelle Lieferung von Cornflakes oder Selfie Sticks zur »Mission« ausgerufen wird. […] ›Einmal habe ich vier Tage am Stück nicht geschlafen‹, sagt Dina Vaccari, die 2008 bei Amazon anheuerte, um Geschenkgutscheine des Unternehmens an andere Firmen zu verkaufen und einmal, ohne nach Erlaubnis zu fragen, ihr eigenes Geld benutzte, um einen Freelancer in Indien für Dateneingaben zu bezahlen, damit sie selbst mehr Arbeit schaffen konnte. ›Diese Projekte waren meine Babys und ich tat, was immer nötig war, um sie zu Erfolgen zu machen.‹ […] Amazon bindet neue Beschäftigte teilweise auch, indem das Unternehmen verlangt, dass die Betroffenen im Falle der Kündigung im ersten Jahr einen Teil ihrer Unterzeichnungsprämie und in den ersten zwei Jahren auch einen Teil der saftigen Umzugszulagen zurückzahlen müssen« (Kantor/Streitfeld, Inside Amazon, eigene Übersetzung).

Es handelt sich dabei um ein Design von Arbeitsprozessen, das »aus programmierten Mustern [besteht], die in globale Softwareplattformen eingebettet sind und die möglichen Formen der Arbeitsdurchführung« strukturieren. »Während des Ausfüllens von ›Feldern‹ auf einem Computerbildschirm kann« man beispielsweise »nicht in das falsche Feld eines Formulars schreiben oder die Adresse in den Platzhalter für Telefonnummern eingeben. Der integrierte Code gibt feste Routen vor, die die Aktion in präziser Form leiten.«[132] Aneesh sieht diesen Steuerungstypus in den Arbeitswelten der Gegenwart auf dem Vormarsch. Die globale Vernetzung durch das Internet hat ihm zufolge eine Struktur weltweiter Arbeitsteilung in Echtzeit ermöglicht, die so unterschiedliche Arbeitsbereiche wie »Forschung zu und Entwicklung von Software, die Bearbeitung von Versicherungsansprüchen, Buchhaltung, Dateieingabe, Transkriptions- und Übersetzungsdienste, interaktive Kundendienstleistungen, geografische Informationssysteme, Animation, Datenkonvertierung, Finanz- und Kreditanalyse, Entwicklung und Design, Websiteentwicklung und -pflege, Fernstudien, Marktforschung, Dokumentationsverwaltung«[133] gleichermaßen betrifft.

Für betriebliche Herrschaft hat sich in diesen Arbeitszusammenhängen das Problem eingestellt, dass klassische Lösungen des Kontrollproblems nicht zum Einsatz kommen können: Wenn beispielsweise ein externer Dienstleister in Indien den Auftrag eines amerikanischen Kommunikationskonzerns übernimmt, so ist er nicht in

132 Aneesh, Globale Arbeit, S. 59.
133 Ebd. S. 56.

das Netz bürokratischer Kontrolle seines Auftraggebers integriert, das üblicherweise an den Grenzen eines Unternehmens endet. Zugleich ist auch ein zweiter tradierter Weg der Steuerung von Arbeit, nämlich jener der Marktsteuerung, verstellt. In diesem Fall würde der Auftraggeber beispielsweise einen ergebnisadäquaten Preis aushandeln und es dem Auftragnehmer überlassen, wie er zu den jeweils vereinbarten Ergebnissen kommt. Digitale Dienstleistungen, wie die eben erwähnten Aufgaben, sind allerdings in der Regel direkt auf die Organisationsstruktur der Unternehmen, die die Aufträge erteilen, bezogen. Wenn beispielsweise eine indische Softwarefirma eine Anwendung für das Kundenmanagement einer amerikanischen Bank entwickelt, so kann sie dies nicht ohne direkte Interaktion mit den Softwaresystemen des auftraggebenden Unternehmens tun. Es sind permanente Rückkopplungsprozesse zwischen dem Organisationsuniversum des Auftraggebers und den Tätigkeiten der Softwareentwickler notwendig, weshalb die organisatorische Distanz, die in simplen Outsourcingprozessen über die dann vorherrschende marktförmige Kontrolle entsteht, nicht mit den Erfordernissen der Arbeitsprozesse kompatibel ist.

Aneesh zufolge wird in solchen Organisationszusammenhängen das Kontrollproblem über das algorithmusgesteuerte Design der Arbeitsprozesse gelöst. Im konkreten Arbeitsablauf gibt der Code sämtliche Handlungsoptionen detailliert vor. Abweichungen von der Norm werden so schlicht unmöglich, Kontrolle, wie das obenstehende Zitat bereits nahelegt, weitgehend automatisiert. Algokratische Formen der Regulierung von Arbeit greifen dabei nicht nur auf Beschäftigte zu, sondern erstrecken sich tendenziell, wie auch das voranstehende Zitat bestätigt, auf alle Beteiligten eines sozio-technischen Ökosystems, also auch auf die Kunden. Die indischen Softwareentwickler oder Callcentertelefonisten folgen in ihren Tätigkeiten flexiblen, durch Programmiercode vorgegebenen Regelsystemen, die sich bis auf die Endverbraucher, die am Telefon durch eine Eingabemaske geführt werden oder an Bildschirmen selbst ihren Weg durch die unter algokratischen Bedingungen produzierten Softwareprogramme finden müssen, erstreckt. Digitale Herrschaft greift von der Produktions- auf die Konsumtionssphäre über, verbindet Beschäftigte und Kunden unter dem gleichen, algorithmusgesteuerten Organisationsimperativ.

Algokratische Systeme erzeugen, was Andreas Boes einen »globalen Informationsraum«[134] nennt: Die technischen Systeme der am Arbeits- und Konsumtionsprozess beteiligten Akteure sind in Echtzeit vernetzt, was es ermöglicht, Informationen global fließen zu lassen und so Arbeitsprozesse über Kontinente hinweg beinahe ohne Reibungsverluste zu koordinieren. Amerikanische Softwareentwickler befinden sich nun, um im Beispiel zu bleiben, in direkter Konkurrenz mit indischen Beschäftigten, deren Lohnniveaus freilich deutlich niedriger liegen. Die meisten bedeutenden Unternehmen aus den alten Industriestaaten haben daher seit den 1990er Jahren in der einen oder anderen Weise Entwicklungsarbeiten im Softwarebereich über indische Dependancen oder Auftragnehmer abgewickelt. Die Erzeugung digitaler Konkurrenzmärkte für Arbeitskraft führt dazu, dass sich Lohnniveaus für die betroffenen Tätigkeiten im globalen Maßstab an-

134 Boes u. a., Landnahme im Informationsraum.

nähern. Wo Arbeit also nicht »offshore« geht, obwohl dies prinzipiell möglich ist, erzeugen algokratische Systeme tendenziell Lohndruck und damit das Risiko von Einkommens- und folglich auch Kaufkraftverlusten. Für Unternehmen verspricht dieser Mechanismus dagegen deutliche Kostenreduzierungen bei einem gleichzeitig hohen Maß an Prozesskontrolle, was das digitale Outsourcing für sie besonders attraktiv macht.

Bei der Erzeugung tendenziell globaler Konkurrenzmärkte wird in jüngerer Zeit zudem nicht mehr nur auf die Gründung von Tochterunternehmen oder die Vergabe von Aufträgen an eigenständige Auftragnehmer gesetzt. Im Rahmen sogenannter Crowdsourcingmodelle ermöglichen algokratische Systeme eine noch engere Einbindung externer Arbeitskraft in die Unternehmen sowie eine weitere Expansion von Konkurrenz, die nun nicht mehr alleine den Wettbewerb zwischen Unternehmen betrifft, sondern einzelne Arbeitskräfte in den direkten Wettbewerb miteinander stellt. Beim Crowdsourcing handelt es sich um eine Methode der Vermittlung bzw. Akquise von Arbeitskraft über digitale Plattformen. Auch hier war Amazon ein Vorreiter: Amazons Meachanical Turk gehörte zu den ersten großen und global agierenden Crowdsourcinganbietern. Die Plattform bietet Nutzern die Möglichkeit, entweder als Auftraggeber (Requester) Aufgaben einzustellen, oder als Auftragnehmer (Turker) solche Aufgaben zu übernehmen. Der Mechanical Turk vermittelt vornehmlich digitale Routinearbeiten, wie beispielsweise das Erstellen von Produktbeschreibungen für E-Commerce-Seiten, aber auch verhältnismäßig anspruchsvolle Übersetzungsaufträge. In den letzten Jahren haben sich zudem zahlreiche Crowdsourcingplattformen entwickelt, die durchaus qualifizierte Tätigkeiten, wie etwa Designaufträge oder Softwareentwicklung, ausschreiben. Zudem haben andere große Unternehmen das Crowdsourcing für sich entdeckt. IBM beispielsweise, das schon häufiger die Speerspitze neuer Organisationskonzepte bildete, baut systematisch das hauseigene Portal *Liquid* aus, um einen Großteil seiner Entwicklungsarbeit extern vergeben zu können.[135] Auch Größen der Old Economy wie Bosch, Siemens oder BMW arbeiten am Aufbau eigener Plattformen.[136]

Crowdsourcingplattformen, die von großen Unternehmen betrieben werden, ermöglichen es diesen, Arbeitskraft noch enger in ihre algokratischen Systeme einzubinden, weil in diesem Fall alle Organisationsaspekte in der Hand der Konzerne verbleiben. Zugleich öffnen unabhängige Plattformen auch kleineren Firmen Wege zum Outsourcing von Arbeitskraft, die ihnen vorher verschlossen waren. Für Unternehmen bergen solche Organisationsmodelle die verlockende Möglichkeit des unmittelbaren Zugriffs auf Arbeitskraft, ohne dass dafür die üblicherweise in Organisationen anfallenden Kosten zu Buche stehen: Klassisch haben Unternehmen die Wahl, ob sie auf Festanstellungen setzen, was ihnen einerseits die Möglichkeit bietet, den Arbeitsprozess unter Kontrolle zu haben, sie aber andererseits auch mit Beschäftigten »belastet«, die nicht ohne Weiteres kündbar sind, die über Betriebsräte Mitsprache fordern können oder gar über Formen der Selbstorganisation kollektive Entgelder erzielen können. Verzichten Firmen auf Festanstellungen und ver-

135 Ebd., S. 80f.
136 Ebd.

geben stattdessen eher Aufträge an Dritte, so geht bei diesen Transaktionen in der Regel zum einen die unmittelbare Kontrolle über die Arbeitsprozesse verloren, zum anderen schlagen auf die eine oder andere Art immer auch die Organisationskosten der Drittfirmen zu Buche, auch wenn diese deutlich niedriger liegen mögen als jene der Auftraggeber. Crowdsourcingmodelle ermöglichen es nun, Organisationskosten drastisch zu reduzieren: Die formal selbstständigen Auftragnehmer haben innerhalb der Auftraggeberorganisationen keinerlei Mitspracherechte, ihre Lohnkosten fallen nur genauso lange an, wie die für sie bestimmten Aufträge vorhanden sind, was die Flexibilität der Unternehmen erhöht. Zugleich lösen die algokratischen Systeme, wie beschrieben, das Problem der Distanz zur Organisation des »Mutterunternehmens«, weil es zu einer unmittelbaren, freilich zeitlich befristeten, Integration der Selbstständigen in die Organisationssysteme der Unternehmen kommt. Wo dennoch Kontrolllücken entstehen, bieten die Plattformen direkte Überwachungsfunktionen, die den Auftraggebern die Arbeit der »Clickworker« permanent transparent machen. So bieten Crowdsourcing-Plattformen wie Upwork Auftraggebern beispielsweise die Möglichkeit, die Zeitprofile der Tastaturanschläge von Freelancern zu kontrollieren und Screenshots von deren Arbeitsbildschirmen zu sehen.

Für die formal Selbstständigen ist die Tätigkeit als Clickworker, trotz der vonseiten der Plattformen viel gepriesenen Flexibilität, im Vergleich zu einer regulären Beschäftigung jedoch ein Verlustgeschäft. Sie sind von allen organisatorischen Schutzmechanismen, die die Organisationsmitgliedschaft in der organisierten Moderne gewährleistete, entbunden. Ihre Leistung ist immer »on demand« verfügbar, weshalb von einem neuen Typus von Arbeitskraft, der digitalen »Kontingenzarbeitskraft«, gesprochen werden kann.[137]

»Durch die fehlende Zugehörigkeit zu einem Betrieb fehlt es [der digitalen Kontingenzarbeitskraft] auch an Formen sekundärer Integration. Die Kontingenzarbeitskraft unterliegt keiner verbindlichen Regulierung der Arbeitszeit, es gibt für sie keinen Feierabend, an dem die Werkssirene heult, und sie ist weder in die traditionelle Sozialversicherung noch in die Mitbestimmungsgremien integriert.«[138] Damit unterscheidet sie sich deutlich von klassischen Arbeitskrafttypen wie dem Arbeitnehmer, für den der Betrieb die primäre Agentur gesellschaftlicher Integration darstellt. Betriebliche Bürgerrechte, wie die Mitbestimmung, das betriebliche Arbeitsrecht oder kollektivvertragliche Regelungen von Lohn, Arbeitszeit und Arbeitsinhalten wie sie für den Arbeitnehmer charakteristisch sind, kann die digitale Kontingenzarbeitskraft nicht geltend machen. Den zentralen sozialen Konflikt für den Arbeitnehmer bildeten die institutionalisierten Formen des Klassenkampfes, die seine soziale Position absicherten. Dagegen ist für die digitale Kontingenzarbeitskraft der vollkommen individualisierte Unterbietungswettstreit auf einem tendenziell grenzenlosen Markt charakteristisch, auf dem das billigste Angebot in der Regel den Zuschlag erhält.

Stellt man diese Entwicklungen des Zugriffs auf Arbeitskraft in Rechnung, so wird klar, dass der digitale Kapitalismus in seiner Organisationslogik von einer para-

137 Nachtwey/Staab, Die Avantgarde des digitalen Kapitalismus.

138 Ebd., S. 82ff.

doxen Kombination von Zentralisierung und Fragmentierung geprägt ist. Einerseits binden die Unternehmen über den Aufbau sozio-technischer Ökosysteme Kunden, Beschäftigte und Selbstständige immer enger in die Herrschaftszusammenhänge ihrer digitalen Netze ein. Andererseits drohen durch die neuen Organisationsformen Integrationsagenturen wie das nationale Arbeitsrecht, Institutionen der Mitbestimmung oder die Integration in die Sozialversicherungssysteme, die allesamt für die Offshore-Arbeiter und die digitalen Kontingenzarbeitskräfte nicht gelten, sukzessive zu erodieren. Auch jenseits der Werktore werden daher die Konturen einer Abwertung menschlicher Arbeit ersichtlich, die zum Appendix algokratischer Organisationssysteme wird und in diesem Zusammenhang einer tendenziell ruinösen Konkurrenz auf einem globalisierten Markt ausgesetzt ist. Bei Amazons Mechanical Turk waren im Jahr 2014 immerhin 500 000 Personen aus 190 Ländern als potenzielle Arbeitskräfte gemeldet. Wo Konkurrenz expandiert, ist zu erwarten, dass die niedrigsten Lohnstückkosten sich durchsetzen, was wiederum Kaufkraftverluste impliziert und daher tendenziell zu einer Verschärfung des Konsumtionsproblems des Gegenwartskapitalismus beiträgt.

Robotik und Automatisierung

Allerdings sind die Digitalisierungsprozesse der Gegenwart nicht nur für die Organisation und Steuerung menschlicher Arbeitskraft von großer Bedeutung. In den Technikwissenschaften ist seit einigen Jahren auch von einem Digitalisierungs- und Mechanisierungsschub neuer Qualität die Rede, der vor allem Entwicklungen in der Robotik betrifft. Jüngere Robotergenerationen haben demnach nicht mehr viel mit den schwerfälligen Industrierobotern gemeinsam, die etwa in der Automobilindustrie schon seit Jahrzehnten für repetitive und eher grobschlächtige Montageaufgaben zum Einsatz kommen. Maschinen wie die führerlosen Automobile der Firma Google, die autonomen Laufroboter der Firma Boston Dynamics (ebenfalls seit dem Jahr 2013 Teil von Google) oder motorisch sensible Roboterarme, wie sie von einer Reihe von Firmen angeboten werden, erschließen der technischen Automation ganz neue Bereiche, die bisher eine exklusive Domäne von Menschen waren. Die neuen Roboter werden nicht mehr, wie ihre Ahnen in der Schwerindustrie, zum Schutz der Menschen vor Verletzungen in Käfigen innerhalb der Fabrik isoliert. Sie sind räumlich mobil, autonom bzw. semi-autonom im Vollzug flexibler Tätigkeiten, lernfähig und vielseitig einsetzbar.

Viele dieser flexiblen Automaten sind nicht ursprünglich als Mittel der Rationalisierung von Arbeit entwickelt worden, sondern kommen, wie die bereits erwähnten Laufroboter der Firma Boston Dynamics, aus dem Bereich der militärischen Forschung. Als ein bedeutender Schrittmacher des Roboterbooms der vergangenen Jahre gilt konsequenterweise die von der Darpa, der Forschungsabteilung des US-Militärs, zwischen 2012 und 2015 veranstaltete Darpa Robotics Challenge. Dort traten internationale Entwickler-Teams mit ihren Robotern in verschiedenen Wettbewerben gegeneinander an. Die versammelten Maschinen sollten Situationen bewältigen, die in der Realität für Menschen gesundheitsgefährliche Szenarien simulierten, wie etwa Räumarbeiten in verseuchtem Gelände. Das Handlungsrepertoire und die Flexibilität vieler der im Wettbewerb vertretenen Maschinen beeindruckten die Fachwelt und zeigen, dass gerade im Bereich autonomen Maschinenhandelns in komplexen Umwelten in den vergangenen Jahren deutliche Fortschritte gemacht wurden. Umwelterkennung, Bewegungsautonomie und Feinmotorik sind nur einige Dimensionen, in denen viele Teilnehmer der Darpa Robotics Challenge in überraschender Weise reüssierten.

In der Darpa-Simulation treten die Roboter als Retter von Menschenleben auf, die an verseuchten Orten notwendige Eindämmungsaufgaben übernehmen oder bei der Evakuierung von Menschen assistieren können. Zunehmend offensichtlich sind allerdings auch die wirtschaftlichen Möglichkeiten des Einsatzes flexibler Automaten. So überrascht es nicht, dass selbst der Leiter der Darpa Robotics Challenge, Gill Pratt, die »Gambrian Explosion« der Robotik mittlerweile als kaum abwendbare Gefahr für den Arbeitsmarkt beschwört. Roboter würden in absehbarer Zeit zahlreiche Aufgaben in der Arbeitswelt übernehmen und viele menschliche Tätigkeiten überflüssig machen, so Pratts düstere Prognose.

Für den Digitalisierungsschub neuer Qualität, den Autoren wie Pratt in der Gegenwart ausmachen, gilt innerhalb der Technikwissenschaften das Zusammenspiel von vier Faktoren als entscheidend.[139] Erstens hat die Fähigkeit zur Erhebung, Speicherung und Nutzung riesiger Datenmengen eine neue Qualität algorithmusgesteuerten Maschinenlernens ermöglicht. Ein sehr anschauliches Beispiel dieses Phänomens bieten Googles

139 Vgl. für die folgenden Ausführungen Frey/Osborne, The Future of Employment, S. 9.

autonome Fahrzeuge, die allesamt permanent Daten zur Verkehrslage und den Straßenverhältnissen erheben und diese in einen Datenpool hochladen, aus dem sich andere Fahrautomaten bedienen und so von ihren Schwesterfahrzeugen »lernen« – die Fahrassistenten deutscher Premium-Autohersteller operieren im Übrigen nach der gleichen Logik. Erwischt eines der Fahrzeuge ein potenziell gefährliches Schlagloch, so können alle anderen ans System angeschlossenen Automobile aus dieser Erfahrung den Schluss ziehen, an der entsprechenden Stelle auszuweichen. Zweitens haben sich im Sensorikbereich in den vergangenen Jahren enorme Fortschritte hinsichtlich der Sinnesorgane moderner Maschinen ergeben. Diese sind heute in der Lage, schneller und präziser denn je die Geschehnisse in ihrer Umgebung zu erfassen und auszuwerten. Die Verbesserungen der Umwelterkennung ermöglichen erst den zuvor genannten Aspekt automatisierten Maschinenlernens, da die Daten erst mit der Entwicklung der Sensorik jene Qualität und jenen Umfang erreichen, der, um im Beispiel zu bleiben, die Google-Autos zu einer autonomen Navigation in komplexen Umwelten befähigt. Komplexe Sensorik im Zusammenspiel mit einer enormen Geschwindigkeit der Datenprozessierung machen drittens eine intuitive Programmierung zahlreicher Maschinen möglich, was einerseits deren Interaktion mit menschlichen Arbeitern ohne umfangreiche Kenntnisse von Programmierung ermöglicht und andererseits das Potenzial schnellen An- und Umlernens und damit einen flexiblen Einsatz von Multi-Use-Robotern beinhaltet. Viertens schließlich ist innerhalb moderner Robotik seit geraumer Zeit ein Preisverfall von etwa 10 Prozent jährlich zu beobachten, was bedeutet, dass die flexiblen Automaten immer günstiger werden und damit hinsichtlich der Arbeitskosten gegenüber menschlichen Arbeitskräften aufholen.

Sucht man im Internet nach Videomaterial jener Darpa-Wettbewerbe, die als Keimzellen der aktuellen Robotikentwicklungen gelten, landet man schnell bei erheiternden Zusammenschnitten der Ereignisse, die, von Slapstick-Sound unterlegt, fallende, stolpernde, sich selbst kurzschließende und ganz und gar nicht schnell und flexibel wirkende Maschinen zeigen. Aus Sicht der Robotikexperten täuschen diese Bilder allerdings über die massiven Potenziale der jüngsten Robotikgenerationen hinweg. Tatsächlich sind in Leitunternehmen des digitalen Kapitalismus schon heute zahlreiche Roboter unterwegs, die das Potenzial flexibler Automaten veranschaulichen. Wiederum ist Amazon einer der Vorreiter in Sachen Digitalisierung. So erwarb der Konzern 2012 beispielsweise das Unternehmen Kiva, einen Spezialisten für die Automatisierung der Logistik von Hochfrequenzlagern. Wie beschrieben sind die Warenlager des E-Commerce äußerst personalintensive Arbeitsorte. Das Gros der Arbeitskraft entfällt dabei auf flexible Routineaufgaben, wie das Zusammensuchen der Waren aus den Regalen, deren Transport zu den Packstationen und deren dortige Abfertigung. Die Kiva-Systeme, die in einigen Amazon-Lagern in den USA bereits zum Einsatz kommen, bieten nun die Möglichkeit, einen Großteil dieser Tätigkeiten durch kleine flexible Roboter zu ersetzen. Statt wie menschliche Arbeitskräfte die einzelnen Regale anzusteuern und die jeweiligen Waren zu entnehmen, fahren diese Maschinen unter die Regale, in denen die benötigten Artikel lagern, heben sie an und fahren zu den Packstationen. Dort entnimmt bisher ein menschlicher Arbeiter die Waren, um sie zu verpacken. Doch auch an der Einsparung dieser Arbeitskräfte arbeitet Amazon. So gewann im Frühjahr 2015 ein Entwickler-Team der TU Berlin die Amazon Picking Challenge, einen Wettbewerb, bei dem es um die Konstruktion eines Robotergreifarms ging, der fähig ist, auch den Schritt der Warenentnahme zu automatisieren.[140]

Auch andere Größen der Internetökonomie investieren massiv in Robotik. So ist Google durch diverse Zukäufe mittlerweile zum weltweit größten Robotikhersteller aufgestiegen. Das Repertoire der neuen Automaten, auf die Google, Amazon und Co. setzen, transzendiert dabei klassische Sektorengrenzen. Während Automatisierungslösungen durch Robotik im industriellen Sektor seit Jahrzehnten einen etablierten Rationalisierungspfad bilden, sind viele der neuen Maschinisierungsmodelle vor allem auf den Dientleistungssektor und dort insbesondere auf die Bereiche der Distribution und Konsumtion bezogen: Selbstfahrende Lkw sollen den Warentransport revolutionieren, automatische Zustellsysteme wie Amazons Prime-Air-Lieferdrohne sind Teile einer Agenda effizienten Konsums.

Die Wirkungen, die Automatisierungsprozesse in diesen Arbeitsfeldern erzeugen können, lassen sich exemplarisch im Bereich der Warendistribution veranschaulichen. Dieses Segment war in den vergangenen zwei Dekaden ein Motor des Jobwachstums, was sich vor allem auf den Bedeutungsgewinn des E-Commerce zurückführen lässt. Einstweilen ist dieser Trend auch in Deutschland unge-

140 Siehe dazu Menn/Happel, Roboter verändern die Zukunft des Onlinehandels.

brochen. So gehen Planungen der DHL, eines Tochterunternehmens der Deutschen Post AG, die bis in das Jahr 2025 ausgreifen, davon aus, dass bis zu 20 000 zusätzliche Stellen in der Bundesrepublik geschaffen werden. Auch im Handel mit Frischwaren expandieren Lieferdienste. Zahlreiche Apps ermöglichen beispielsweise schon heute die Lieferung frisch gekochter Gerichte aus Restaurants, die selbst keinen Lieferservice anbieten.[141] Die Supermarktkette Rewe hat zudem in jüngster Vergangenheit massiv in einen eigenen Lieferservice investiert und dafür sogar eine Fahrzeugflotte aufgebaut, mit der nun Bestellungen direkt nach Hause geliefert werden. E-Commerce-Giganten wie Zalando und Amazon experimentieren mit der Lieferung diverser Artikel am Tag der Bestellung.[142]

Während sich in diesen Beispielen auf den ersten Blick mit der Erfindung neuer Dienstleistungen auch zahlreiche Beschäftigungsmöglichkeiten auftun, wird anderorts bereits an der Automatisierung dieser neuen Services gearbeitet. Amazons Lieferdrohne Prime-Air ist womöglich das prominenteste Beispiel für diesen Trend. Sie ist geplanter Bestandteil der Expansion des Liefersystems. Gleichzeitig ist sie bei der Erledigung ihrer Aufgaben, anders als beispielsweise ein Lieferwagen, auf keinen menschlichen Operator angewiesen. Auch andernorts werden weniger spektakuläre, gerade darum aber womöglich vielversprechendere Geschäftsmodelle entwickelt. So stellten beispielsweise Ahti Heinla und Janus

141 Ein Beispiel aus der Gastronomie ist die Liefer-App Foodora.

142 Hier experimentieren in Deutschland etwa Amazon mit seinem Prime-Service, der Lieferung am Tag der Bestellung in regionalen Clustern bereits anbietet, oder Zalando mit der App ZipCart für die Tageslieferung bei Bestellungen in Berlin.

Friis, zwei der Gründungsväter des Internettelefoniedienstes Skype, im Herbst 2015 das Produkt ihrer Firma Starship vor: einen autonomen Lieferroboter, der einem kleinen Kühlschrank auf Rädern mit futuristisch blinkenden LEDs gleicht. Diese Maschine ermöglicht nach Angabe des Unternehmens autonome Lieferungen bestellter Artikel etwa aus nahe gelegenen Supermärkten. Das System nutzt dabei die Dezentralität des vorhandenen Angebots von Waren des täglichen Bedarfs, kann also an ein bestehendes Distributionssystem andocken. Zugleich birgt es weit geringere Risiken für Verkehr und Menschen als Flugdrohnen, da es nur in Schrittgeschwindigkeit auf Bürgersteigen fährt. Damit entfällt auch die Straßen- oder gar Flugzulassung, die für andere Lieferdrohnen angezeigt wäre. Gleichwohl wird dieser Lieferdienst, sollte er sich durchsetzen, kaum Beschäftigungswachstum kreieren, sondern womöglich gar auf Kosten der Jobs menschlicher Arbeitskraft bei anderen Zustelldiensten operieren.

Das Ende eines Modernisierungspfades?

An der Schnittstelle von Technikwissenschaften und Ökonomie haben diese und andere Entwicklungen in der Robotik zu aufsehenerregenden Prognosen zur Entwicklung des Beschäftigungsvolumens in digitalisierten Arbeitsgesellschaften geführt. Die prominentesten Stimmen waren dabei wohl die beiden Oxford-Forscher Carl Benedict Frey und Michael A. Osborne.[143] In einer Studie aus dem Jahr 2013 präsentierten sie ein Modell, mit dessen Hilfe sie das jeweilige Automatisierungsrisiko der 702 Berufe der amtlichen Statistik der USA in der nahen Zukunft

143 Frey/Osborne, The Future of Employment, S. 9.

zu bestimmen suchten. 47 Prozent aller Jobs sind nach dieser Kalkulation in den nächsten zehn bis zwanzig Jahren akut automatisierungsgefährdet.[144] Zwar fällt bei den Berechnungen Freys und Osbornes auf, dass einfache industrielle Tätigkeiten nach wie vor das höchste Automatisierungsrisiko tragen. Dies ist auch wenig verwunderlich, stellt man die lange Erfahrung mit Automatisierungsprozessen im industriellen Sektor sowie die weiteren technisierungsförderlichen Faktoren, wie die Zentralität der Arbeitsprozesse, in Rechnung. Dennoch fällt bei der Betrachtung der Berufsliste auf, dass sich an beiden Enden unterschiedliche Dienstleistungsberufe sammeln. Das niedrigste Automatisierungsrisiko tragen den beiden Autoren zufolge beispielsweise »Recreational Therapists«. Auch andere vornehmlich interaktive, oft im medizinischen Sektor angesiedelte Berufe gelten als relativ sicher vor technischer Substitution. Auf der anderen Seite finden sich bei den hohen Automatisierungsrisiken etwa tertiäre Berufe wie Versicherungsagent (Platz 698), Steuerberater (Platz 695), unterschiedliche Formen qualifizierter Büroarbeit (Plätze 694ff.), Immobilienmakler (Platz 663), Kassierer (Platz 657), Köche (Platz 641), Verkaufskräfte im Einzelhandel (Platz 570), Taxi- (Platz 531)

144 Im Juli 2014 wiederholte Jeremy Bowles die Studie für die Mitgliedsstaaten der Europäischen Union mit den Beschäftigungsdaten, die für die EU zugänglich waren. Einzig in Schweden liegt nach Bowles' Berechnungen der Wert für die Gruppe der akut von Automatisierung gefährdeten Berufe mit 46,69 % unwesentlich unterhalb der für die USA von Frey und Osborne kalkulierten 47 %. Mehrheitlich liegen die EU-Staaten noch über dem amerikanischen Wert. Die Bundesrepublik liegt mit etwas mehr als 51 % im europäischen Mittelfeld (Bowles, The Computerisation of European Jobs).

oder Busfahrer (Platz 525). Frey/Osborne zufolge teilen diese Berufe, die allesamt zum Dienstleistungssektor gehören und zum Teil noch bis in die Gegenwart zu den großen Hoffnungskindern öffentlicher Beschäftigungspolitik zählen, bestimmte Eigenschaften, die sie besonders leicht technisch abbildbar machen. Hierzu zählen das regelförmige Arbeiten mit Daten, Kalkulationen sowie sämtliche schematisierbaren manuell-flexiblen Tätigkeiten, wie beispielsweise das Steuern von Fahrzeugen oder das Reinigen von Räumlichkeiten.

Sollten die benannten Automatisierungspotenziale zur Entfaltung gelangen, so wären im tertiären Sektor massive Beschäftigungsverluste zu erwarten. Die Expansion von Dienstleistungsarbeit in post-industriellen Gesellschaften bildete, wie weiter oben beschrieben, ursprünglich ein Programm zur Lösung der durch Rationalisierungsprozesse im industriellen Sektor ausgelösten Beschäftigungskrise der 1980er und 1990er Jahre. Würden nun technische Automatisierungsprozesse im Dienstleistungssektor flächendeckende Beschäftigung kosten, so wäre der Modernisierungspfad, den die Gesellschaften der OECD-Welt in den vergangenen Dekaden eingeschlagen haben, an ein Ende gelangt.

Freilich steht keineswegs zu erwarten, dass das vorhandene Automatisierungspotenzial auch tatsächlich realisiert wird. Studien, wie jene der beiden Oxford-Forscher, können lediglich Möglichkeiten andeuten, keine Ereignisse präzise vorhersagen. Ist man jedoch geneigt, zumindest die von den Autoren beschriebenen technischen Möglichkeiten anzuerkennen, die sich tatsächlich in Leitunternehmen des digitalen Kapitalismus ja auch bereits materialisieren, so sind langfristig beachtliche Folgen für die

Entwicklung von Arbeitsbedingungen, Beschäftigungsvolumen und letztlich auch Konsumkraft zu erwarten. Denn schon die bloße technische Möglichkeit der Substituierbarkeit menschlicher Arbeitskraft durch Maschinen erzeugt in den jeweiligen Bereichen Lohndruck. Kann ein Roboter eine Dienstleistung günstiger erbringen als ein menschlicher Arbeiter, so hat Letzterer kaum noch wirtschaftliche Argumente zur Hand, mit denen sich beispielsweise Lohnsteigerungen begründen ließen. Wo Beschäftigung also tatsächlich nicht verloren geht, obwohl sie technisch ersetzbar wäre, steht zumindest keine positive Entwicklung der Konsumkraft der dort Beschäftigten zu erwarten.[145]

Schon heute zeichnen sich in Leitunternehmen der digitalen Ökonomie spezifische Prozesse der Veränderung von Arbeits- und Wirtschaftsprozessen durch ihre Digitalisierung ab. Ob die Verschärfung von Herrschaft, die Expansion globaler Konkurrenz oder die Implikationen der Automatisierungspotenziale durch neuere Entwicklungen der Robotik – die beschriebenen Dynamiken bergen die Möglichkeit einer umfangreichen Abwertung von Arbeit in zahlreichen Bereichen, die sich in systematischen Kaufkraftverlusten niederschlagen könnte. Ob, analog zur Entwicklung technischer Rationalisierungsprozesse im industriellen Sektor im 20. Jahrhundert, die Digitalisierung der Wirtschaft andernorts womöglich zahlreiche höherqualifizierte und besser entlohnte Tätigkeitstypen

145 Wo im Gegenzug neue, weitgehend automatisierte Dienstleistungen, wie die beschriebenen Zustelldienste von Starship, entstehen, legt dies Szenarien nahe, die unter dem Stichwort *jobless growth* geführt werden.

entstehen lassen wird, die die sozialen Kosten des digitalen Kapitalismus aufwiegen würden, kann man heute nicht wissen. Die im Rahmen dieses Kapitels zusammengetragenen Befunde, Beispiele und Prognosen legen jedoch nahe, dass mit der Digitalisierung der Ökonomie der Bock zum Gärtner gemacht werden könnte: Ein zentrales Element des digitalen Kapitalismus ist die Tatsache, dass Technisierungsprozesse nun nicht mehr vornehmlich die Sphäre der Produktion betreffen, sondern umfangreich auf Distribution und Konsumtion zugreifen. Mit ihrer Neugestaltung tritt der digitale Kapitalismus an, das Konsumtionsproblem des gegenwärtigen Wirtschaftssystems zu lösen. Das Dilemma dieser Wirtschaftsform besteht folglich in dem Umstand, dass die hierzu implementierten Lösungen zu weiteren Kaufkrafteinbußen und damit einer weiteren Verschärfung des Konsumtionsproblems führen könnten.

VI Das Konsumtionsdilemma

Der Kapitalismus der Gegenwart krankt an dem Umstand, dass die Entwicklung der Nachfrage nicht mit der Steigerung wirtschaftlicher Produktivität Schritt hält. Dieses Problem ist schon seit dem schleichenden Ende des Fordismus in den 1960er und 1970er Jahren des 20. Jahrhunderts virulent. Technische und organisatorische Umstrukturierungen der Produktionsapparate haben das komplementäre Verhältnis zwischen Produktivitätsgewinnen und Nachfragewachstum, das den Fordismus prägte, nicht zurückbringen können.

Finanzpolitische Maßnahmen zur Stimulierung der Nachfrage, die globale Expansion von Absatzmärkten und die Finanzialisierung der Ökonomie bildeten die entscheidenden Bearbeitungsversuche des Konsumtionsproblems, seit das fordistische Gespann aus Massenproduktion und Massenkonsumtion aus dem Tritt geriet. Diese Maßnahmen gingen mit dem Aufstieg der Informations- und Kommunikationstechnologien in zahlreichen Bereichen der Wirtschaft einher. So wurden die Rationalisierung der Produktions- und Verwaltungsapparate, die Globalisierung der Wertschöpfungsketten und Konsummärkte sowie die Suche nach neuen Finanzprodukten zu Inkubatoren eines digitalen Kapitalismus, dessen Gravitationszentren heute Leitunternehmen der Digitalisierung wie Google, Amazon, Apple, Microsoft, Facebook und andere bilden.

Den Kern der Digitalisierungsprozesse der jüngeren Vergangenheit macht die umfassende Restrukturierung der Konsumtions- und Distributionsapparate aus. Gerade die Leitunternehmen der Digitalisierung zielen auf die Etablierung neuer Konsumtionsmodelle. Sie haben mit der Proklamierung des Ziels, auf diesem Weg etablierte Märkte zu zerstören und effizientere Strukturen an deren Stelle zu setzen, enorme Kapitalsummen angehäuft. Mit der damit verbundenen Macht transformieren sie den Kapitalismus der Gegenwart. Ihren Geschäftsmodellen ist das Versprechen implizit, durch die Rationalisierung der Konsumtion einen neuen Bearbeitungsmodus des Nachfrageproblems zu eröffnen. Dies bedeutet selbstredend nicht, dass alternative Strategien, wie die schuldengetriebene Stimulierung der Nachfrage, die Globalisierung von Absatzmärkten oder die Finanzialisierung der Ökonomie, automatisch historische Auslaufmodelle darstellen.

Alle genannten Strategien sind, trotz ihrer offenkundigen Krisenanfälligkeit, von einer erstaunlichen Persistenz geprägt. Um die Systematik der genuin durch Digitalisierungsprozesse induzierten Veränderungen angemessen beschreiben zu können, war es allerdings notwendig, den digitalen Kapitalismus weitgehend als ein geschlossenes Modell und damit unabhängig von Faktoren wie der Entwicklung von Schulden, Globalisierungs- und Finanzialisierungsprozessen zu betrachten. Ich habe an verschiedenen Stellen Verbindungen – etwa zwischen der Finanzialisierung in Unternehmen der Old Economy und der Rolle des Risikokapitals im Prozess der Digitalisierung – aufscheinen lassen, diese aber nicht ausbuchstabiert, weil es mir vornehmlich um ein analytisches Verständnis des digitalen Kapitalismus als sozialer Figuration ging.

Wird der digitale Kapitalismus – aus einer solchen,

modellhaften Perspektive betrachtet – die Wachstumskrise der Gegenwart lösen, und wird ein neues nachhaltiges Wirtschaftsmodell entstehen, wie Unternehmen und Regierungen weltweit hoffen? Ich habe im Verlauf dieses Buches eine andere These vertreten. Zwar setzt der digitale Kapitalismus mit der Optimierung der Distributions- und Konsumtionsapparate an einer entscheidenden Nahtstelle der gegenwärtigen Wirtschaftsordnung an. Doch ist keineswegs ausgemacht, dass die Rationalisierung der Nachfrage jene Wachstumsimpulse im Bereich des privaten Konsums auslösen wird, die für eine Entschärfung des Konsumtionsproblems notwendig wären. Die Kreation supplementären Konsums durch Digitalisierungsprozesse ist unwahrscheinlich. Immer klarer sichtbar wird vielmehr die Kanibalisierung personalintensiver Branchen durch neue Konkurrenzangebote aus dem digitalen Sektor. Der Einzelhandel gerät beispielsweise unter den Druck des stetig wachsenden E-Commerce, Banken automatisieren zunehmend den Kundendienst, und Privatleute übernehmen in der sogenannten »Sharing-Economy« Aufgaben, die andernfalls von den Beschäftigten traditioneller Branchen, wie beispielsweise des Gast- oder dem Beförderungsgewerbes übernommen würden.

Diese Entwicklungen sind freilich nicht in Stein gemeißelt, und so wirft mein Essay mindestens so viel Fragen auf, wie er beantwortet. Kann es beispielsweise alternative Entwicklungspfade innerhalb des digitalen Kapitalismus geben, die ich bei meiner auf theoretische Aussagen zielenden Analyse außer Acht lasse? Natürlich! Technikentwicklung ist immer eine Gestaltungsfrage, weshalb die laufende öffentliche Debatte um die Digitalisierung der

Ökonomie die Chancen für Interventionen von verschiedenen Seiten in die von mir beschriebenen Prozesse durchaus befördern könnte.

Wird durch die Digitalisierung womöglich nicht ein allgemeines Upgrading der Berufsstruktur, eine Aufwertung der Qualifikationsprofile vieler Beschäftigter einsetzen, das dann wiederum einen Anstieg von Kaufkraft und Nachfrage implizieren könnte? Aus meiner Sicht ist dies selbstredend nicht auszuschließen. Man neigt bei einer solchen Hoffnung allerdings dazu, die sozialen Verwerfungen zu übersehen, die sich auch im Rahmen von Modernisierungsphasen, die letztlich zu einer Aufwertung bestimmter Tätigkeiten führen, ereignen und oft jahrzehntelang erhebliche Probleme erzeugen. Arbeitslosigkeit, soziale Exklusion und ein Anstieg der Ungleichheit können temporäre Effekte von Modernisierungsprozessen sein, die man wiederum retrospektiv dennoch als wichtig oder erfolgreich empfinden kann.

Für die jeweiligen Gesellschaften – von den Betroffenen ganz zu schweigen – stellen solche Transformationen freilich erhebliche Probleme dar, deren Bearbeitung nicht unbedingt gelingen muss. Zudem gibt es aus meiner Sicht keinen triftigen Grund anzunehmen, dass die Geschichte der Technisierung als Motor der sozialen Aufwertung sich wiederholen sollte. Historische Analogien machen rückblickend Sinn. Für den Blick in die Zukunft können sie höchstens helfen, Orientierung für das Mögliche zu stiften, nicht das Notwendige vorherzusagen. Niemand wäre erfreuter als ich, sollte sich herausstellen, dass die Implementation digitaler Technologien zu einer, die breite Masse der Beschäftigten betreffenden, inhaltlichen und finanziellen Aufwertung von Arbeit führte. Die Gründe für meine Skepsis habe ich in den vorangegangenen Kapiteln dargelegt.

In zahlreichen Branchen sind heute zum einen Abwertungsbewegungen durch digitale Rationalisierungsmodelle beobachtbar, die Lohndruck erzeugen und damit dem Wachstum von Kaufkraft abträglich sind. Zum anderen wird dieser Lohndruck durch neue Automatisierungsmöglichkeiten, die auch quantitative Beschäftigungsverluste möglich erscheinen lassen, weiter verschärft. Die Digitalisierung der Produktions-, Distributions- und Konsumtionsapparate scheint daher einstweilen nicht zur Lösung des Nachfrageproblems des Gegenwartskapitalismus beizutragen. Vielmehr deuten meine Befunde auf ein dem digitalen Kapitalismus inhärentes *Konsumtionsdilemma* hin, das in dem Umstand besteht, dass durch die Digitalisierung der Wirtschaft die Wachstumsproblematik, deren Bearbeitung durch die Rationalisierung der Konsumtions- und Distributionsprozesse angestrebt wird, weiter verschärft werden könnte. Ob die beschriebenen Prozesse als Hinweise auf Krisensymptome eines an Wachstumsschwäche darbenden Kapitalismus zu verstehen sind, die sich schon bald im nächsten ökonomischen Crash entladen werden, oder ob sie letztlich doch Geburtswehen einer neuen Phase wirtschaftlicher Prosperität mit breiten Profitierungsperspektiven für zahlreiche Menschen bilden werden, wird sich erst in der Zukunft entscheiden. Wie andere wirtschaftliche Modernisierungsschübe der Geschichte, deren Ergebnisse man im Rückblick begrüßen mag, erzeugt auch der digitale Kapitalismus schon heute soziale Verwerfungen, deren ganzes Ausmaß noch nicht abzusehen ist. Sein ureigenes

Versprechen, Wachstum durch die Rationalisierung der Konsumtions- und Distributionsapparate erzeugen zu können, krankt an inneren Widersprüchen. Die Verheißungen des digitalen Kapitalismus sind im Begriff, sich als falsche Versprechen zu entpuppen.

Bibliografie

Altmann, Norbert/Dieter Sauer (Hg.), Systemische Rationalisierung und Zulieferindustrie. Sozialwissenschaftliche Aspekte zwischenbetrieblicher Arbeitsteilung, Frankfurt 1989.

Alvarez, Ignacio, Financialization, Non-Financial Corporations and Income Inequality. The Case of France, in: *Socio-economic Review*, 13 (2015), H. 3, S. 449–475.

Aneesh, Aneesh, Globale Arbeit. Algokratische Formen der Organisation, in: Esther Ruiz Ben (Hg.), Internationale Arbeitsräume. Unsicherheiten und Herausforderungen, Freiburg 2010, S. 55–96.

Autor, David H./David Dorn, The Growth of Low-Skill Job and the Polarization of the US Labor Market, in: *American Economic Review* 103 (2013), H. 5, S. 1553–1597.

Ders./Frank Levy/Richard J. Murnane, The Skill Content of Recent Technological Change. An Empirical Exploration, in: *The Quarterly Journal of Economics* (November 2003), S. 1279–1333.

Baethge, Martin/Herbert Oberbeck, Die Zukunft der Angestellten. Neue Technologien und berufliche Perspektiven in Büro und Verwaltung, Frankfurt 1984.

Bahl, Friederike/Philipp Staab, Das Dienstleistungsproletariat. Theorie auf kaltem Entzug, in: *Mittelweg 36* 19 (2010), H. 6, S. 66–93.

Barbrook, Richard/Andy Cameron, Die kalifornische Ideologie. Wiedergeburt der Moderne?, in: *Telepolis* (1997), http://www.heise.de/tp/artikel/1/1007/1.html [26. 05. 2016].

Bauer, Wilhelm/Sebastian Schlund/Dirk Marrenbach/Oliver Ganschar, Industrie 4.0. Volkswirtschaftliches Potenzial für Deutschland, Berlin 2014.

Baumol, William J., The Cost Disease. Why Computers Get Cheaper and Health Care Doesn't, New Haven 2013.

Ders., Macroeconomics of Unbalanced Growth, in: *The American Economic Review* 57 (1967), H. 3, S. 415–426.

Blanchet, Max/Thomas Rinn/Georg von Thaden/Georges de Thieulloy, Industry 4.0 – The New Industrial Revolution. How Europe Will Succeed, München 2014.

Boes, Andreas/Tobias Kämpf, Arbeit im Informationsraum. Eine neue Qualität der Informatisierung als Basis einer neuen Phase der Globalisierung, in: Esther Ruiz Ben (Hg.), Internationale Arbeitsräume. Unsicherheiten und Herausforderungen, Freiburg 2015, S. 19–54.

Ders./Tobias Kämpf/Barbara Langes/Thomas Lühr, Landnahme im Informationsraum. Neukonstituierung gesellschaftlicher Arbeit in der »digitalen Gesellschaft«, in: *WSI-Mitteilungen* 2015, Nr. 2, S. 77–85.

Pierre Bourdieu, Die feinen Unterschiede. Kritik der gesellschaftlichen Urteilskraft, Frankfurt 1987.

Bowles, Jeremy, The Computerisation of European Jobs, www.bruegel.org/nc/blog/detail/article/1394-the-computerisation-of-european-jobs/ [26. 05. 2016].

Braudel, Fernand, Die Dynamik des Kapitalismus, Stuttgart 1986.

Braverman, Harry, Labor and Monopoly Capital. The Degradation of Work in the Twentieth Century, New York 1974.

Brynjolfsson, Eric/Andrew McAfee, The Second Machine Age. Wie die nächste digitale Revolution unser aller Leben verändern wird, Kulmbach 2014.

Dies., Race Against the Machine. How the Digital Revolution is Accelerating Innovation, Driving Productivity, and Irreversibly Transforming Employment and the Economy, Digital Frontier Press 2011.

Cecchetti, Stephen G./Madhusudan S. Mohanty/Fabrizio Zampolli, The Real Effects of Debt, in: *BIS Working Papers* (2011), Nr. 352, http://www.bis.org/publ/othp16.pdf [26. 05. 2016].

Coggan, Philip, Secular Stagnation. The Long View, *The Economist*, 03. 11. 2014, http://www.economist.com/blogs/buttonwood/2014/11/secular-stagnation [26. 05. 2016].

Crouch, Colin, Privatised Keynesianism. An Unacknowledged Policy Regime, in: *The British Journal of Politics & International Relations* 11 (2009), H. 3, S. 382–399.

d'Alisa, Giacoma/Federico Demaria/Giorgios Kallis (Hg.), Degrowth. A Vocabulary for a New Era, Abingdon 2014.

Darcillon, Thibault, How Does Finance Affect Labor Market Institutions? An Empirical Analysis in 16 OECD Countries, in: *Socio-economic Review* 13 (2015), H. 3, S. 477–504.

Dauderstädt, Michael, Produktivität im Dienstleistungssektor. Eine Grenze des Wachstums?, in: *Wirtschaftsdienst. Zeitschrift für Wirtschaftspolitik* 92 (2012), S. 41–45.

Die nächste Revolution? Ein Gespräch mit Constanze Kurz (IG Metall) über »Industrie 4.0«, in: *Mittelweg 36* 24 (2015) H. 6, S. 85–98.

Dörre, Klaus, Digitalisierung – neue Prosperität oder Vertiefung gesellschaftlicher Spaltungen?, in: Hartmut Hirsch-Kreinse u.a. (Hg.), Digitalisierung industrieller Arbeit. Die Vision Industrie 4.0 und ihre sozialen Herausforderungen, Baden-Baden 2015, S. 269–284.

Dolata, Ulrich, Volatile Monopole. Konzentration, Konkurrenz und Innovationsstrategien der Internetkonzerne, in: *Berliner Journal für Soziologie* 24 (2015), H. 4, S. 505–529.

Döpfner, Matthias, Offener Brief an Eric Schmidt. Warum wir Google fürchten, *Frankfurter Allgemeine Zeitung*, 16. 04. 2014, http://www.faz.net/aktuell/feuilleton/medien/mathias-doepfner-warum-wir-google-fuerchten-12897463-p7.html?printPagedArticle=true#pageIndex_7 [26. 05. 2016].

Edwards, Richard, Herrschaft im modernen Produktionsprozess, Frankfurt 1981.

Eine neue Weltwirtschaftskrise? Interview mit Richard Duncan, in: *Mittelweg 36* 22 (2013) H. 2, S. 58–88.

Elias, Norbert, Über den Prozeß der Zivilisation. Soziogenetische und psychogenetische Untersuchungen. Zwei Bände, Frankfurt 1976.

Erikson, Robert/John H. Goldthorpe, Constant Flux. A Study of Class Mobility in Industrial Societies, Oxford 1992.

Frey, Carl B./Michael A. Osborne, The Future of Employment. How Susceptible are Jobs to Computerisation?, Oxford 2013, www.oxfordmartin.ox.ac.uk/downloads/academic/The_Future_of_Employment.pdf [26. 05. 2016].

Gordon, Robert J., The Rise and Fall of American Growth. The US Standard of Living since the Civil War, Princeton 2016.

Ders., Is US Economic Growth over? Faltering Innovation Confronts the Six Headwinds, in: *Policy Insight* (September 2012), No. 63, http://www.cepr.org/sites/default/files/policy_insights/PolicyInsight63.pdf [26. 05. 2016].

Hall, Peter A./David Soskice, Varieties of Capitalism. The Institutional Foundations of Comparative Advantage, Oxford 2001.

Harvey, David, Wachstum bis zum Untergang. Katastrophenkapitalismus, Teil I, in: *Blätter* 7 (2015), S. 47–59.

Jaimovich, N./H. E. Siu, (2012). The Trend Is the Cycle. Job Polarization and Jobless Recoveries, in: *National Bureau of Economic Research Working Paper* (August 2012), No. 18334, http://www.nber.org/papers/w18334 [26. 05. 2016].

Kantor, Jodi/David Streitfeld, Inside Amazon. Wrestling Big Ideas in a Bruising Workplace, *The New York Times*, 15. 08. 2015, http://www.nytimes.com/2015/08/16/technology/inside-amazon-wrestling-big-ideas-in-a-bruising-workplace.html [26. 05. 2016].

Keese, Christoph, Silicon Valley. Was aus dem mächtigsten Tal der Welt auf uns zukommt, München 2014.

Kern, Horst/Michael Schumann, Das Ende der Arbeitsteilung. Rationalisierung in der industriellen Produktion, München 1990.

Kleemann, Frank/G. Günther Voß, Arbeit und Subjekt, in: Fritz Böhle/G. Günther Voß/Günther Wachtler (Hg.), Handbuch Arbeitssoziologie, Stuttgart 2010, S. 415–450.

Kocka, Jürgen, Geschichte des Kapitalismus, München 2014.

Kühl, Stefan, Zeitdiagnosen 4.0. Eine Rezension des Grünbuchs »Arbeit weiter denken« des Bundesministeriums für Arbeit und Soziales, Working Paper, Bielefeld 2015, http://www.uni-bielefeld.de/soz/forschung/orgsoz/Stefan_Kuehl/pdf/Kuehl-Stefan-Working-Paper-5_2015-Arbeit-4–0-Zeitdiagnosen-4–0-Version-3–0–310815-SK-.pdf [26. 05. 2016].

Ders., Konturen des Exitkapitalismus. Wie Risikokapital die Art des Wirtschaftens verändert, in: *Leviathan* 30 (2002), H. 2, S. 195–219.

Kumhof, Michael/Romain Rancière, Inequality, Leverage and Crises, Washington, D. C. 2010, https://www.imf.org/external/pubs/ft/wp/2010/wp10268.pdf [26. 05. 2016].

Ders./Romain Rancière/Pablo Winant, Inequality, Leverage and Crises. The Case of Endogenous Default, Washington, D. C. 2013, https://www.imf.org/external/pubs/ft/wp/2013/wp13249.pdf. [26. 05. 2016].

Lepore, Jill, The Disruption Machine. What the Gospel of Innovation Gets Wrong, *The New Yorker*, 23. 06. 2014.

Lessenich, Stefan/Klaus Dörre (Hg.), Grenzen des Wachstums – Grenzen des Kapitalismus?, in: *WSI Mitteilungen* 67 (2014), H. 7, S. 504.

Manjoo, Farhad, Tech's »Frightful 5« Will Dominate Digital Life for Foreseeable Future, *The New York Times*, 20. 01. 2016, http://www.nytimes.com/2016/01/21/technology/techs-frightful-5will-dominate-digital-life-for-foreseeable-future.html?_r=0 [26. 05. 2016].

Mannheim, Karl, Ideologie und Utopie, Frankfurt 1995.

Manyika, James/Michael Chui/Peter Bisson/Jonathan Woetzel/Richard Dobbs/Jaques Bughin/Dan Aharnn, The Internet of Things. Mapping the Value beyond the Hype, San Francisco 2015.

Ders./Michael Chui/Jacques Bughin/Richard Dobbs/Peter Bisson/Alex

Marrs, Disruptive Technologies. Advances That Will Transform Life, Business, and the Global Economy (Tech. Rep., McKinsey Global-Institute), 2013, http://www.mckinsey.com/business-functions/busi ness-technology/our-insights/disruptive-technologies [26. 05. 2016].

Mayer, Karl Ulrich/Hans-Peter Bloßfeld, Berufsstruktureller Wandel und soziale Ungleichheit. Entsteht in der Bundesrepublik Deutschland ein neues Dienstleistungsproletariat?, in: *Kölner Zeitschrift für Soziologie und Sozialpsychologie* 43(1991), H. 4, S. 671–696.

Mayntz, Renate/Birgitta Nedelmann, Eigendynamische soziale Prozesse. Anmerkungen zu einem analytischen Paradigma, in: *Kölner Zeitschrift für Soziologie und Sozialpsychologie* (1987), H. 4, S. 648–668.

Menn, Andreas/Stephan Happel, Roboter verändern die Zukunft des Onlinehandels, *Wirtschaftswoche*, 29. 05. 2015, www.wiwo.de/unter nehmen/handel/amazon-roboter-veraendern-die-zukunft-des-onlinehandels/11843744.html [30. 7. 2015].

Morozov, Evgeny, Smarte neue Welt. Digitale Technik und die Freiheit des Menschen, München 2013.

Nachtwey, Oliver/Philipp Staab, Die Avantgarde des digitalen Kapitalismus, in: *Mittelweg 36* 24 (2015) H. 6, S. 59–84.

National Venture Capital Association, $58.8 Billion in Venture Capital Invested Across U. S. in 2015, According to the MoneyTree Report, 15. 01. 2016, http://nvca.org/pressreleases/58–8-billion-in-venture-capital-invested-across-u-s-in-2015-according-to-themoneytree-report-2/ [26. 05. 2016].

Oesch, Daniel/Jorge Rodríguez Menés, Upgrading or Polarization? Occupational Change in Britain, Germany, Spain and Switzerland, 1990–2008, in: *Socio-Economic Review* 9 (2011), H. 3, S. 503–531.

Pfeiffer, Sabine, Warum reden wir eigentlich über Industrie 4.0? Auf dem Weg zum digitalen Despotismus, in: *Mittelweg 36* 24 (2015) H. 6, S. 14–36.

Rosa, Hartmut, Beschleunigung. Die Veränderung der Zeitstrukturen in der Moderne, Frankfurt 2005.

Schiller, Dan, Power Under Pressure. Digital Capitalism in Crises, in: *International Journal of Communications* 5 (2011), S. 925.

Simmel, Georg, Philosophie der Mode, in: Michael Behr/Volkhard Krech/Georg Simmel, Gesamtausgabe in 24 Bänden: Band 10: Philosophie der Mode (1905). Die Religion (1906/1912). Kant und Goethe (1906/1916). Schopenhauer und Nietzsche (1907), Frankfurt 1995, S. 7–37.

Søndergaard, Dorte Marie, Roboter – unsere neuen »Anderen«, in: *Das Argument* (311) 57 (2015), H. 1, S. 43–49.

Staab, Philipp, Die Zähmung des Biestes. Uber als Aushängeschild des digitalen Kapitalismus, *Soziopolis*, 08. 12. 15, http://www.soziopolis.de/lesen/bildwelten/artikel/die-zaehmungdes-biestes [26. 05. 2016].

Ders., Macht und Herrschaft in der Servicewelt, Hamburg 2014.

Statista, Größte Unternehmen der Welt nach ihrem Marktwert im Jahr 2015 in Millionen US-Dollar (Stand: 31. März), http://de.statista.com/statistik/daten/studie/12108/umfrage/top-unternehmen-der-welt-nach-marktwert/ [25. 05. 16].

Stone, Brad, Der Allesverkäufer. Jeff Bezos und das Imperium von Amazon, Frankfurt 2013.

Streeck, Wolfgang, Gekaufte Zeit. Die vertagte Krise des demokratischen Kapitalismus, Berlin 2013.

Ders., Citizens as Customers. Considerations on the New Politics of Consumption, in: *New Left Review* 76, (2012), S. 27–47.

Ders., The Crisis of Democratic Capitalism, in: *New Left Review* 71 (2011), S. 5–29.

Summers, Lawrence, Why Stagnation Might Prove to Be the New Normal, *Financial Times*, 15. 12. 2013, https://next.ft.com/content/87cb15ea-5d1a-11e3-a558–00144feabdc0 [26. 05. 2016].

Taylor, Frederick W., The Principles of Scientific Management (1911), New York 2006.

Teulings, Coen/Richard Baldwin (Hg.), Secular Stagnation. Facts, Causes and Cures, London 2014, http://www.voxeu.org/sites/default/files/Vox_secular_stagnation.pdf [26. 05. 2016].

Thiel, Peter, Zero to One. Wie Innovation unsere Gesellschaft rettet, Frankfurt 2014.

Tomaskovic-Devey, Donald/Ken-Hou Lin/Nathan Meyers, Did Financialization Reduce Economic Growth?, in: *Socio-economic Review* 13 (2015), H. 3, S. 525–548.

Veblen, Thorstein, Theorie der feinen Leute. Eine ökonomische Untersuchung der Institutionen, Berlin 1997.

Voß, G. Günther/Frank Kleemann, Arbeitende Kunden im Web 2.0, in: Christoph Bieber/Martin Eifert/Thomas Groß/Jörn Lamla (Hg.), Soziale Netze in der digitalen Welt. Das Internet zwischen egalitärer Teilhabe und ökonomischer Macht, Frankfurt 2009, S. 141–160.

Ders./Kerstin Rieder, Der arbeitende Kunde. Wenn Kunden zu unbezahlten Mitarbeitern werden, Frankfurt 2005.

Wagner, Thomas, Google, das Silicon Valley und der Mensch als Auslaufmodell, Köln 2015.

Womack, James P./Daniel T. Jones, Lean Consumption, in: *Harvard Buisness Review* (März 2005), https://hbr.org/2005/03/lean-consumption [26. 05. 2016].

Ders./Jones, Daniel/Roos, Daniel, The Machine That Changed the World. The Story of Lean Production, New York 1990.

Zum Autor

Philipp Staab, Dr. rer. pol., ist Soziologe und war von 2008 bis Mitte 2016 am Hamburger Institut für Sozialforschung beschäftigt. Seit September 2016 ist er Mitarbeiter am Institut für die Geschichte und Zukunft der Arbeit (igza.org). 2014 erschien von ihm in der Hamburger Edition *Macht und Herrschaft in der Servicewelt,* eine Studie über soziale Ungleichheit und Herrschaft in der Dienstleistungsgesellschaft.

kleine reihe

Wandel des Sozialen

Zygmunt Bauman
Flüchtige Zeiten

François Bourguignon
Die Globalisierung
der Ungleichheit

Robert Castel
Die Stärkung des Sozialen

Maren Lorenz
Vandalismus als
Alltagsphänomen

Berthold Vogel
Die Staatsbedürftigkeit
der Gesellschaft

Kurze Interventionen zu aktuellen Themen

Demokratie in Bewegung

Antoine Vauchez
Europa demokratisieren

Jacques de Saint Victor
Die Antipolitischen

Jens Kersten | Claudia Neu | Berthold Vogel
Demografie und Demokratie

Tim B. Müller
Nach dem Ersten Weltkrieg

Robert A. Dahl
Politische Gleichheit – ein Ideal?

Krieg und Frieden

Gerd Hankel
Das Tötungsverbot im Krieg

Klaus Naumann
Einsatz ohne Ziel?

William A. Schabas
Kein Frieden ohne Gerechtigkeit?

Jan Philipp Reemtsma
Folter im Rechtsstaat?

Wolfgang Kraushaar
Der Aufruhr der Ausgebildeten